FALKEN BÜCHEREI



BUDO-BIBLIOTHEK

Albrecht Pflüger

6. Dan Karate

# KARATE 2

## Kombinationstechniken · Katas

FALKEN VERLAG

Eine Fülle weiterer Anleitungen und Techniken sind in ›Karate-Do‹, (360 Seiten, 1160 Abbildungen) vom gleichen Autor und aus dem gleichen Verlag zu finden.

ISBN 3 8068 0239 4


Fotos: Albrecht Pflüger
Gesamtherstellung: Neuwieder Verlagsgesellschaft mbH, Neuwied

232 221 201 9

# Inhalt

## Der freie Kampf

## Die Kata



## Karate-Selbstverteidigung

# Vorwort

Das *Karate*, so wie es heute ausgeübt wird, ist eine Kampfkunst, bei der sämtliche Gliedmaßen zu natürlichen Abwehr- und Angriffswaffen ausgebildet werden.

Fäuste, Handkanten, Ellbogen, Knie und Füße werden dabei wirkungsvoll eingesetzt, um zu schlagen, zu stoßen und zu treten. Beim Üben muß auch der stärkste Angriff kurz vor dem Körperkontakt abgebremst, arretiert werden. Das setzt natürlich äußerste Körperbeherrschung und Selbstdisziplin voraus, was nur durch jahrelanges, fleißiges Training erreicht werden kann.

Dieses Buch beschäftigt sich nur mit den Grundtechniken des Stoßens (*Tsuki*), Tretens (*Keri*) und Abwehrens (*Uke*). Darüber hinaus zeigt es viele Kombinationen für den sportlichen Kampf und bringt zum erstenmal in einem deutschen Buch die »Grammatik« des *Karate*, die sogenannten Kata in Reihenbildern mit ausführlichen Erklärungen, außerdem einige Methoden aus der japanischen Wiederbelebung, dem *Kuatsu*, die jeder Karateka wissen sollte. Auch die Karate-Prüfungsrichtlinien sind vollständig abgedruckt.

In dem ersten Karatebuch des Verfassers »Karate — Einführung, Grundtechniken« (Falken-Bücherei, Band 227) werden ausführlich auch alle Schlagtechniken erklärt (Handkante, Ellbogen usw.), außerdem werden die Grundtechniken mit vielen Bildern erläutert und zahlreiche methodische Hilfen für das Selbststudium gegeben. Dieses erste Buch kann deshalb als Grundlehrbuch betrachtet werden, besonders, da es auch ausführlich das Wesen des wahren *Karate* aufzeigt.

# Geschichtliches

*Karate* wird heute unter drei Gesichtspunkten betrieben: als Selbstverteidigung, als Sport und als Weg zur körperlichen und geistigen Meisterung des Ichs. Das zeigt uns schon, daß das wahre Wesen des *Karate* weit tiefer liegt als nur etwa darin, sich verteidigen zu können. *Karate* ist, wenn es ernst genommen und verantwortungsbewußt betrieben wird, ein Erziehungsmittel allerersten Ranges im Sinne des Leitspruches:

Oberstes Ziel in der Kunst des Karate ist nicht Sieg noch Niederlage — der wahre Karatekämpfer erstrebt die Vervollkommnung seines Charakters.

Ausführliche Betrachtungen zum Thema: »Erziehung durch Karate« enthält das Grundlehrbuch. *Karate* als Selbstverteidigung hat natürlich die älteste Geschichte. Es wurzelt in dem chinesischen Boxen *Ch'uan-fa* (*Kung-fu*) oder *Kempo*, das noch heute in China ausgeübt wird und auf eine etwa 2000jährige Geschichte zurückblicken kann. Etwa ab 1600 entwickelte sich auf der Insel Okinawa, die schon immer mit China und Japan in Kontakt stand, eine Kampfkunst, die *Okinawa-te* (Okinawa-Hände) genannt wurde. Diese Kampfkunst war eine Kombination des von chinesischen Soldaten importierten *Kempo* mit einer eingeborenen Kampfkunst. Als in der Folgezeit durch politische Umschichtungen den Einwohnern von Okinawa jeglicher Waffenbesitz verboten wurde, nahm *Okinawa-te* einen ungeheueren Aufschwung. Bis in unsere Zeit hinein wurde diese Kunst aber geheimgehalten, und es existieren auch (im Gegensatz zum chinesischen Kempo) keine geschichtlichen Aufzeichnungen oder gar Bücher über das alte *Okinawa-te*.

Der Mann, dessen Verdienst es ist, Okinawa-te zum heutigen, weltbekannten *Karate* entwickelt zu haben, ist Gichin Funakoshi (Abb. 1), ein Einwohner Okinawas. Er unternahm Reisen nach Japan, wo die alten Kriegskünste eine große Renaissance erlebten — Entwicklung des *Jiu-Jitsu* zum *Judo*, das japanische Fechten — *Kendo* — usw. Mit seinen Demonstrationen (1917 und 1922) errang er große Erfolge und wurde ermuntert, seine Kunst in Japan zu lehren. Er reiste im Lande umher, gab Unterricht und Vorführungen. Viele große Universitäten baten ihn, ihnen beim

Aufbau von Karategruppen zu helfen. Es war etwa um 1900, als auf Okinawa der Wert der Kampfkunst *Okinawa-te* für die Erziehung erkannt wurde und diese Kunst an den Mittelschulen eingeführt wurde. Damals wurde zum ersten Male der

Abb. 1 Gichin Funakoshi, der Begründer des modernen KARATE

Name KARATE anstelle von *Okinawa-te* gewählt (Abb. 2). Dabei bedeutet das erste Schriftzeichen (*Kara*) China, so daß die damalige Übersetzung etwa »Kunst aus China« (genauer: »China-Hand«) bedeutete. Meister Funakoshi hielt sich in der Folgezeit nur in Japan auf. Er systematisierte das *Karate* unter wissenschaftlichen Gesichtspunkten, ähnlich wie der japanische Gelehrte J. Kano das alte *Jiu-Jitsu* zum Judo entwickelte, und ermöglichte es auch später, daß im Karate gefahrlose Wettkämpfe abgehalten werden konnten.

Abb. 2

Abb. 3

In der Zeit, als Funakoshi nach Japan kam, wurden die japanischen Kampfkünste *Jiu-Jitsu* (*Judo*) und *Kendo* (Schwertfechten) viel geübt. *Karate* übernahm bald viele Elemente dieser beiden Künste, und damit war der Grundstein gelegt zur Entwicklung zum heutigen modernen japanischen *Karate*. Später änderte Funakoshi den Namen seiner nun neuen Kampfkunst von »China-Hände« in »Leere-Hände« (Abb. 3). Das Schriftzeichen für »leer« oder »unbewaffnet« wird auch »Kara« gelesen, das Schriftzeichen für »Hand« oder »Hände« blieb. Als das *Karate* in Japan einen so großen Aufschwung erlebte, kamen bald noch andere Karatemeister von Okinawa und von China nach Japan, um Unterricht zu geben. Es entwickelten sich nun in der Folgezeit in Japan eine Menge anderer Karate-Systeme, die zwar in der Technik oft voneinander abweichen, in ihrem Wesen aber gleich sind.

Abb. 4 Gichin Funakoshi im Alter von 88 Jahren

Die heute bekanntesten sind:

*Wado-Ryu*, *Goju-Ryu* und *Shito-Ryu* (*Ryu* = Schule).

Der Name des von Gichin Funakoshi geschaffenen Karatestils ist SHOTOKAN, der bekannteste und verbreitetste Stil inner- und außerhalb Japans. Funakoshi wählte diesen Namen nach dem Namen des Gebäudes, in dem er in Tokyo unterrichtete, um sein *Karate*-System von den anderen inzwischen entstandenen zu unterscheiden (Abb. 4).

*Shito-Ryu* wurde 1930 von Kenwa Mabuni gegründet, der von Okinawa nach Osaka kam. Einige Jahre später brachte Chojun Miyagi sein Goju-Ryu Karate nach

Kyoto (Abb. 5). Einer seiner begabtesten Schüler war ein junger Mann, der sein Haar nach Art der Samurai, der alten japanischen Ritter, lang trug: Gogen Yamaguchi, der heute der Leiter der Goju-Ryu ist und unter dem Namen »die Katze« weltbekannt und hochgeachtet ist (Abb. 6).

Abb. 5 Chojun Miyagi, der Gründer der Goju-Ryu

Abb. 6 Gogen Yamaguchi, »die Katze«

1935 machte einer der Studenten von Funakoshi, Hironori Otsuka (Abb. 7) einen eigenen Verband auf, den er *Wado-Ryu* nannte. (Wado = der Weg des Friedens). Technisch gesehen ist zwischen dem *Wado-Ryu-Karate* und dem *Shotokan*-Stil kaum ein Unterschied. (Der erste Bundestrainer der *Karate*-Sektion des Deutschen Judo-Bundes war ein 5. Dan der *Wado-Ryu*.)

Mein *Karate*-Grundlehrbuch beschreibt ausschließlich den *Shotokan*-Stil. Dieses neue Buch bringt zusätzlich Kampfkombinationen für den Wettkampf. Die gezeigten *Kata* sind in *Shotokan*-Technik dargestellt.

Gichin Funakoshi, der Vater des modernen Karate, starb im April 1957 im Alter von 88 Jahren. Im Oktober 1964 schlossen sich auf Betreiben der Regierung die größten japanischen *Karate*-Verbände (Japan Karate Association — Shotokan —,

Wado-Ryu, Shito-Ryu, Goju-Ryu) und einige andere zur sogenannten »All-Japan-Karate-do Federation« zusammen. Das ist aber bis heute nur ein Name. Jeder einzelne Verband arbeitet noch für sich, trägt seinen eigenen Namen weiter und hält eigene Meisterschaften ab. Es bleibt abzuwarten, inwieweit sich die einzelnen japanischen Verbände über ihre Eigenbestrebungen hinwegsetzen können, um zu einer wirklichen Einigung zu kommen, was im Interesse aller Karateka sehr zu begrüßen wäre.

Abb. 7 Hironori Otsuka, der Gründer der Wado-Ryu

Ähnlich ist die Situation in Amerika. Auch dort gibt es sehr viele einzelne Verbände, und eine Einigung ist noch nicht abzusehen. In Europa ist eine große Sammlungsbewegung zu beobachten: In Frankreich wurde schon vor einiger Zeit die Europäische Karate-Union (EKU) gegründet. Viele europäische Länder sind schon Mitglieder der EKU, und es kommen laufend neue hinzu. Seit 1966 können deshalb schon Europäische *Karate*-Meisterschaften ausgetragen werden.

# Karate auf dem Weg zur olympischen Disziplin

Seit Gründung der Europäischen Karate-Union (EKU) 1966 hat das Karate einen ungeheuren Aufschwung genommen. In den meisten Ländern trennten sich die Karate-Sportler inzwischen von den Judo-Verbänden und gründeten eigene Fachverbände.

In Deutschland gab es seit 1977 zwei große Karate-Fachverbände, die Deutsche Karate-Union (DKU), die aus der Sektion Karate des Deutschen Judo-Bundes hervorgegangen war, und den älteren Deutschen Karate-Bund. Beide Organisationen haben jeweils ungefähr 20 000 Mitglieder. Daneben gibt es etliche kleinere Verbände mit zusammen einigen tausend Mitgliedern.

Diese Verbände schlossen sich 1977 zu einem Dachverband, dem Deutschen Karate-Verband (DKV) zusammen, der im gleichen Jahr vom Deutschen Sport-Bund aufgenommen wurde und seitdem gemeinsame deutsche Karate-Meisterschaften ausrichtet. Die einzelnen Verbände haben aber bis jetzt innerhalb des Dachverbandes ihre volle Selbständigkeit in bezug auf Ausbildungs- und Prüfungsrichtlinien.

Immerhin sind fast alle Karate-Sportler nun unter einem Dach vereinigt, sind Mitglieder im Deutschen Sport-Bund und führen gemeinsam Meisterschaften durch.

Die koreanische Version des Karate, des Tae-Kwon-Do, das gegenüber dem Karate den Anspruch erhebt, eine eigenständige Sportart zu sein, hat wohl vorerst keine Aussicht, auf deutscher Ebene als eigenständige Sportart vom Deutschen Sport-Bund anerkannt zu werden.

Auf internationaler Ebene sieht es wiederum für das Karate noch nicht so gut aus. Zwei Weltverbände, die größere ›World Union of Karate-Do Organizations‹ (WUKO) und die ›International Amateur Karate Federation‹ (IAKF) haben sich um Aufnahme in das Internationale Olympische Komitee (IOC) beworben. Das IOC ist aber verständlicherweise nur bereit, eine Weltorganisation, möglichst auch einen Dachverband, aufzunehmen. Ähnlich reagierte der Deutsche Sport-Bund auf deutscher Ebene. Bis hier eine Klärung erfolgt ist, werden wir noch eine Weile auf Karate als olympische Disziplin warten müssen.

Das durch Hongkong-Filme bekannt gewordene Kung Fu — der chinesische Vorläufer aller karateähnlichen Kampfsportarten — und die durch Bruce Lee angeheizte Begeisterung hat sich auch auf das Karate ausgewirkt; Karate ist eben die bekannteste dieser Kampfkünste.

Durch die Kung-Fu-Serie im Fernsehen begeisterten sich auch Kinder für das Karate. Der Verfasser hat in zwei Jahren Spielformen des Karate mit Kindern entwickelt. Die Zukunft, auch des Karate, liegt bei den Kindern.

# Die Karate-Technik

## Die Spannung

*Karate* ist nichts Starres, sondern eine ungemein dynamische Kunst. Keine eckigen, kraftstrotzenden Bewegungen nur von Armen und Beinen, sondern katzenhaft geschmeidige Ganzkörperbewegungen mit schnellkraftmäßigem Einsatz aller Gliedmaßen in Abwehr und Gegenangriff. Eine gute Karatetechnik muß deshalb die Geschmeidigkeit in der Hüfte entwickeln, die Elastizität in den Beinen und in der Verbindung von beiden die Fähigkeit, das Körpergewicht blitzschnell zu verlagern in Abwehr und Gegenangriff. *Karate* ist die Meisterschaft der Körperspannung – der Entspannung sowohl wie der Anspannung. Als Karateka lernen wir deshalb das Harte mit dem Weichen zu verbinden, nicht nur in unserer Technik, sondern auch in der menschlich-charakterlichen Haltung. (In dem Namen der *Goju-Ryu* bedeutet *Go* = hart, stark und *ju* = weich).

Im *Karate* müssen die Bewegungen blitzschnell und deshalb entspannt sein, denn nur entspannt, auch geistig entspannt, können wir blitzschnell reagieren und Bewegungen ausführen. Im Moment des Auftreffens, ob in Abwehr oder Angriff, sind möglichst alle Körpermuskeln angespannt, um die Kraft des ganzen Körpers in den Auftreffpunkt zu konzentrieren. Dabei helfen uns verschiedene Faktoren, die Karatetechnik höchstwirksam zu machen:

»*Karate* ist Schnelligkeit, umgesetzt in Kraft« oder noch genauer: »Bewegungsenergie (kinetische Energie) wird umgewandelt in Deformationsenergie.« Je größer also die anfängliche kinetische Energie ist, desto größer kann nachher auch die beim Abstoppen freiwerdende Deformationsenergie sein. Oder einfacher ausgedrückt: Je schneller unsere Technik ist, um so größer kann die Wirkung sein, die der Getroffene verspürt. Ich habe absichtlich geschrieben »kann«, denn Schnelligkeit allein macht die Wirkung einer Karatetechnik noch nicht aus, obwohl sie die Voraussetzung dafür ist.

»*Karate* ist Bewegungsenergie umgewandelt in Deformationsenergie.« Diese Umwandlung geschieht um so vollständiger, je mehr es uns gelingt, ohne Verzögerung urplötzlich abzustoppen. Wir müssen also in dem Augenblick, in dem unsere

Technik die größte Geschwindigkeit hat, urplötzlich abstoppen. Das gelingt uns nur durch das blitzschnelle, äußerst kraftvolle Anspannen unserer Muskeln.
Das ist also der Hauptgrund, warum wir im *Karate* lernen, millimetergenau abzustoppen. Nicht weil wir beim Üben dadurch unseren Partner nicht treffen, sondern weil die freiwerdende Energie viel größer ist als etwa bei einem »schiebenden« Stoß, einem Stoß ohne »Brennpunkt« (japanisch *Kime*).
Bei einem schiebenden Stoß wird beim Auftreffen nur ein Teil der Bewegungsenergie in Deformationsenergie umgewandelt. Der größere Teil der Energie teilt sich dem Getroffenen wieder nur als Bewegungsenergie mit: er wird durch die Wirkung dieses schiebenden Stoßes in Bewegung gesetzt, weggestoßen usw. (während beim karatemäßigen Stoß der Getroffene nicht weggeschoben wird, sondern unter der schockartigen Wirkung des Karatestoßes auf der Stelle zusammenbricht).
Der schiebende Stoß hat noch einen anderen Nachteil: Treffe ich mein Ziel nicht, so gerate ich selbst aus dem Gleichgewicht, der eigene Stoß »zieht« mich nach vorne.
Nun wird im *Karate* betont, daß ein konzentriertes und gleichzeitiges Zusammenwirken von vielen Muskeln wirksamer sei als ein noch so kraftvolles Arbeiten einzelner Muskeln. Um aber doch den Arm beim Fauststoß abzustoppen, genügt doch die Kraft der Armmuskeln. Wozu also ein Anspannen aller anderen Muskeln, wo doch scheinbar die Armmuskeln genügen?
Hier müssen wir nun noch etwas weiter in die Mechanik des Schlagens bzw. Stoßens eindringen:

## Der Rückstoß

Bei jedem Schlag oder Stoß gegen ein Hindernis »schlägt« das Hindernis zurück und zwar um so stärker, je stabiler das Hindernis ist. Das spüren wir sehr deutlich an unserer Hand. Wenn wir nun nur die Muskeln des angreifenden Armes gespannt haben, so hat das zur Folge, daß sich diese ganze Rückstoßkraft in unserem übrigen (entspannten) Körper totläuft. Der Rückstoß wird in diesem Fall in unserem Körper »verarbeitet«, unsere Hand wird verletzt, der Arm knickt ein, möglicherweise wird sogar unser ganzer Körper zurückgedrückt.
Wir müssen also durch die Karatetechnik erreichen, daß wir möglichst die ganze Energie, die durch das plötzliche, kraftvolle Abstoppen frei wird, dem getroffenen Gegenstand mitteilen können. Der Rückstoß kann sich besonders bei den Beintechniken auswirken. Deshalb muß bei allen Beintechniken das Standbein mit der ganzen Sohle am Boden haften und leicht gebeugt sein, um beim Auftreffen den Rückstoß auffangen zu können.
Zwei Faktoren sind es nun auch hier, die uns helfen, dem getroffenen Gegenstand möglichst ohne Verluste die ganze freiwerdende Energie mitzuteilen:

**1. Standsicherheit**

Je tiefer der Schwerpunkt und je größer die Standfläche, um so größer ist die Standsicherheit. Die Karatestellungen sind fast alle sehr tief und breit, außerdem ermöglichen sie uns, für den jeweiligen Zweck die konzentrierte Körperspannung bei Abwehr und Angriff in die jeweils benötigte Richtung bei bester Standsicherheit höchst wirksam werden zu lassen.

**2. Körperspannung**

Damit sich die Rückstoßkraft im Moment des Auftreffens im entspannten Körper nicht verarbeiten kann, muß im kurzen Moment des Auftreffens möglichst jeder Muskel unseres Körpers gespannt sein. Je stärker diese Ganzkörperspannung im Auftreffmoment ist, desto mehr gelingt es uns, die ganze durch das Abstoppen freiwerdende Energie dem getroffenen Gegenstand mitzuteilen. Durch den überall »felsenharten« Körper findet die Rückstoßkraft keinen Ansatzpunkt und keine Möglichkeit, sich totzulaufen. Sie läuft durch den ganzen Körper und wird von der Standfläche wieder reflektiert zum Auftreffpunkt (Abb. 8). Unmittelbar nach dem

Abb. 8 Hidetaka Nishiyama 6. Dan der Japan Karate Association zerschlägt mit Gyaku-Tsuki einen Block von 3 stabilen Brettern. (Mit freundlicher Genehmigung der Charles E. Tuttle Co. Tokio aus ihrem Buch »Karate-the art of empty hand fighting« von H. Nishiyama und R. Brown; erhältlich bei Fa. Sport Rhode, 6079 Sprendlingen, Frankfurter Straße 121.)

Auftreffen ist der ganze Körper wieder entspannt und bereit für die nächste Technik. Die Verbindung zwischen der Spannung im Unterbau (Stellung) und der Spannung der Technik (z. B. Fauststoß) liegt im Unterbauch, dem *HARA*. Die richtige Spannung im Unterbauch ist bei allen Techniken sehr wichtig. Hier hilft uns die Atmung: Bei allen Techniken wird stoßartig ausgeatmet. Im Grundlehrbuch wurde ausführlich auf Atmung, *Hara* und *Kiai* = Kampfschrei eingegangen.

**Wichtigster Grundsatz für das Üben aller Karatetechniken**

Der Weg soll über die Entspannung zur Spannung führen, d. h. wir legen beim Üben der einzelnen Techniken am Anfang keine Kraft hinein, sondern arbeiten völlig entspannt und spüren dabei, wie unser ganzer Körper, und hier vor allem immer wieder die Hüfte, bei jeder Technik beteiligt ist. Erst wenn der richtige Bewegungsablauf (im ganzen Körper) eingeschliffen ist, können wir mit Kraft üben, wobei der Krafteinsatz nur auf den Moment des Einrastens beschränkt ist. So kommen wir zu geschmeidigen, schnellkraftmäßigen Ganzkörperbewegungen und nicht zu eckigen, kraftbetonten Bewegungen nur von Armen und Beinen.

## Karate-Stellungen

**Hachiji-Dachi**, Abwartestellung (Abb. 9)

Die Füße sind etwa eine Schulterbreite auseinander, die Knie sind leicht gebeugt. Die ganze Körperhaltung ist locker und aufrecht.

**Musubi-Dachi** (Abb. 10)

Die Fersen berühren einander, die Füße zeigen 45° nach außen. In dieser Stellung wird der Gruß im Stehen *(Ritsu-Rei)* ausgeführt.

Abb. 9 · 10

**Zenkutsu-Dachi,** Vorwärtsstellung (Abb. 11—12)

Der vordere Fuß wird zwei Schulterbreiten (80—100 cm) weit nach vorne geschoben, seine Zehen zeigen geradeaus (genauer: die Fußaußenkante zeigt genau nach vorne. Dadurch ist der Fuß leicht einwärts gedreht). Von vorn gesehen sind die Beine etwa eine Schulterbreite auseinander. Das vordere Bein ist stark gebeugt, Unterschenkel senkrecht und trägt etwa 60 % des Körpergewichts; das hintere Bein ist durchgestreckt und trägt etwa 40 % des Körpergewichts. Um den ganzen Körper konzentriert in frontale Richtung unter Spannung zu bekommen, wird der hintere Fuß so weit wie möglich mit den Zehen nach vorne gedreht. Dabei darauf achten, daß beide Fußsohlen fest am Boden haften.

Abb. 11

Abb. 12

**Kiba-Dachi**, Seitwärtsstellung (Abb. 13—14)

Das Körpergewicht ist gleichmäßig auf beide Beine verteilt. Dadurch, daß die Zehen leicht einwärtsgedreht werden und die Knie stark nach außen durchgedrückt, birgt diese Stellung einen großen Spannungsvorrat und ist extrem stark zur Seite.

Abb. 13 · 14

**Kokutsu-Dachi**, Rückwärtsstellung (Abb. 15—16)

Wird vor allem in der Verteidigung angewandt. Das hintere Bein ist stark gebeugt und trägt 70 % des Körpergewichts; das vordere ist leicht gebeugt und trägt nur 30 % des Körpergewichts. In der Vorderansicht sehen wir, daß bei dieser Stellung die Fersen auf einer Linie sind. Abb. 17 zeigt eine noch mehr verkürzte Rückwärtsstellung (*Nekoashi-Dachi*), bei der das vordere Bein praktisch ganz entlastet ist und nur mit dem Fußballen aufgesetzt wird.

Beachte bei allen Stellungen die lockere, tiefe und dennoch unverkrampfte, aufrechte Haltung. Man sieht hier deutlich, daß unser Schwerpunkt nicht im Oberkörper liegt, sondern im Unterbauch (*Hara*). Man achte auch bei seiner Technik immer wieder darauf, daß jede Technik und jede Bewegung aus diesem Schwerpunkt

Abb. 15
Abb. 16
Abb. 17

starten muß, von dort Richtung und Kraft erhält und halte deshalb den Oberkörper immer aufrecht mit der Spannung im Unterbauch (*Hara*) und den Schultern entspannt.

## Die Stoßtechnik (Tsuki)

Der gerade Faustststoß im *Karate* trifft mit der Vorderseite der Faust auf (*sei-ken*). Die auftreffenden Punkte sind dabei die Knöchel von Zeige- und Mittelfinger (Abb. 18). Damit das Handgelenk beim Auftreffen nicht verstaucht werden kann, muß die Faust gerade im Handgelenk stehen (Abb. 19). Von der Seite gesehen muß die gerade Linie des Unterarms durch die zwei Knöchel gehen, und von oben gesehen auch.

Abb. 18

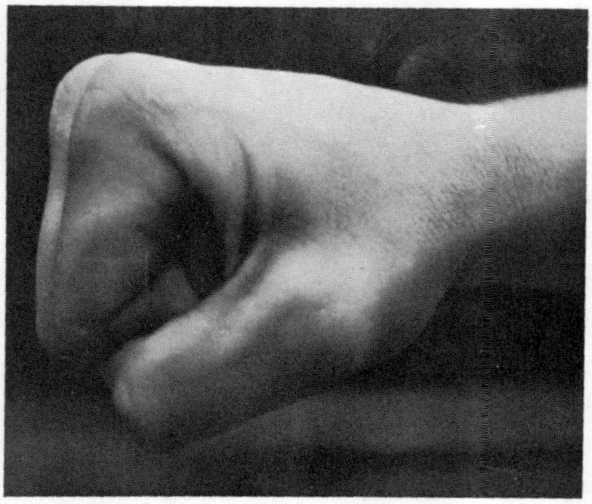

Abb. 19

Die Faust startet beim schulmäßigen Üben von der Hüfte. Der Ellbogen wird auf das Rückgrat zu gepreßt, die andere Hand locker ausgestreckt. Der Stoß geht zur Körpermitte, dabei wird die Faust im letzten Moment um 180° gedreht. Die andere Hand geht dabei gleichzeitig zur Hüfte zurück, dreht im gleichen Moment wie die stoßende Faust und wird dabei zu einer festen Faust geschlossen. Durch dieses Zurückreißen der anderen Hand und das kraftvolle Schließen zu einer festen Faust an der Hüfte wird die Gegenkraft auf die stoßende Faust übertragen. (Genaue Beschreibung des Fauststoßes und Übungsanweisungen für *Oi-Tsuki* und *Gyaku-Tsuki* im Karate-Grundlehrbuch des Verfassers, Falken-Bücherei, Bd. 227 »Karate — ein fernöstlicher Kampfsport«.)

Dieser Stoß mit der Vorfaust kommt im *Karate* bei verschiedenen Techniken zur Anwendung:

Abb. 20

**Oi-Tsuki** (auch *Jun-Tsuki*), der gleichseitige Angriffsstoß (Abb. 20—24).

Im Vorgehen mit Zenkutsu-Dachi trifft die Faust genau im gleichen Augenblick das Ziel, in dem das vordere Bein aufsetzt. Spannungshöhepunkt im Unterbau — Stellung — fällt mit der Technik — *Tsuki* — zusammen und macht sie höchstwirksam. Beides, Spannung in der Stellung und in der Armtechnik, muß durch den Hara verbunden werden. Deshalb stoßartiges Ausatmen bzw. *Kiai* (= Kampf-

Abb. 21

Abb. 22

Abb. 23

Abb. 24

schrei) im Moment des Einrastens. Man strecke das hintere Bein beim Vorschnellen stark durch, dadurch kann man seinen Körper kraftvoll nach vorne katapultieren. Der Oberkörper bleibt bei diesem Stoß aufrecht, und die Schulter wird nicht vorgeschoben. In der *Shotokan*-Methode wird das hintere Bein beim Vorgehen in leichtem Kreisbogen dicht am Standbein vorbeigezogen und wieder nach auswärts abgesetzt. Im *Wado-Ryu*-System wird gerade vorgegangen.

**Spezialtraining für Oi-Tsuki** (Abb. 25—26)

Eine ausgezeichnete Übung für den Fauststoß ist das Üben mit dem Fahrradschlauch. Dabei werden drei Fahrradschläuche miteinander verknotet. Man nimmt nun das eine Ende des Schlauches in die stoßende Hand. In der Ausgangsstellung

Abb. 25
Abb. 26

*(Gedan-Gamae)* soll nun der Schlauch gerade locker gestreckt sein. Das andere Ende wird in Hüfthöhe befestigt oder von einem Kameraden gehalten. Nun geht man mit *Oi-Tsuki* vor. Durch die starke Spannung in den Fahrradschläuchen wird man gezwungen, korrekt vorzugehen, einen sicheren Stand zu haben und richtig zu atmen. Nur so ist der Krafteinsatz des ganzen Körpers so gerichtet, daß wir die Zugkraft der Gummischläuche überwinden. Mache die Übung 50mal jede Seite. Atme stark aus beim Krafteinsatz!

**Gyaku-Tsuki**, der verkehrte Stoß, aus *Zenkutsu-Dachi* (Abb. 27–33)

Steht das linke Bein vorn, wird rechts gestoßen, deshalb »verkehrter« Stoß. Dieser Stoß wird durch das Durchstrecken des hinteren Beines und vor allem durch das energische und kraftvolle Eindrehen der Hüfte sehr stark. Man bleibe beim Vorgehen tief unten, ziehe das vorgehende Bein dicht am Standbein vorbei (Abb. 31)

Abb. 27 · 28 · 29

Abb. 30 · 31 · 32

Abb. 33

und setze es mit dem Fußballen voraus im Kreisbogen auswärts nach vorne ab; werfe dann unmittelbar mit dem Aufsetzen des Fußballens den Körper nach vorne — durch das energische Durchstrecken des hinteren Beines —, drehe dabei die Hüfte

Abb. 34

Abb. 35

Abb. 36

scharf ein und schieße durch diese Drehbewegung die stoßende Faust im letzten Moment kraftvoll nach vorne heraus, so daß sich die Kraft und Geschwindigkeit der Hüftdrehung ganz auf die stoßende Faust übertragen kann. Angriff zum Solar-Plexus oder zum Gesicht.

**Spezialtraining für Gyaku-Tsuki** (Abb. 34–37)

Eine ausgezeichnete Übung für den Fauststoß ist auch das Stoßen mit kleinen Hanteln in den Fäusten. Stoße auch hier mit voller Kraft 50mal. Mache hinterher immer ein paar schnelle Fauststöße ohne Hanteln. Abb. 36 zeigt das Fahrradschlauchtraining für *Gyaku-Tsuki*. Hier darf der Schlauch schon etwas gespannt sein, da wir dabei ja nicht vorgehen.

Abb 37
Makiwaratraining

**Kizami-Tsuki/Oi-Tsuki** (Abb. 38–46)

Aus der Ausgangsstellung (Abb. 38) stoßen wir mit *Kizami-Tsuki* zum Gesicht. (*Kizami-Tsuki* ist ein Stoß ohne Brennpunkt; die Schulter wird dabei vorgeschoben, die Hüfte weggedreht).

Abb.
38 · 39 · 40

Abb. 41 · 42

Unmittelbar wenn der Stoßarm ganz gestreckt ist, ziehen wir schon ohne Pause das hintere Bein nach vorn (Abb. 40) und gehen vor mit *Oi-Tsuki* (Abb. 41). Abb. 43—46 zeigt uns diese Kombination von vorne. Die Hüfte, die beim *Kizami-Tsuki* abgedreht ist, kann beim nachfolgenden *Oi-Tsuki* mit nach vorn geworfen und auf diese Weise wieder geradegestellt werden. Diese Kombination kann im Kampf angewandt werden, wenn der Gegner vor unserem *Kizami-Tsuki* zurückweicht und wir sofort mit *Oi-Tsuki* nachgehen. Übe diese Kombination auch mit Partner!

Abb. 43 Abb. 44 Abb. 45 Abb. 46

Setze beim *Kizami-Tsuki* das vordere Bein mit vor (Gleitschritt)! Stoße so dicht zum Gesicht des Gegners, daß er es als Bedrohung empfinden muß.

**Kizami-Tsuki/Gyaku-Tsuki** (Abb. 47–54)

Diese Kombination ist eine der am häufigsten im Kampf angewandten Übungen. Übe sie deshalb links und rechts, zunächst grundschulmäßig, dann aus freier Stellung und mit Zurückschnappen der stoßenden Faust. Lege die Kraft *(Kime)* ganz betont in den *Gyaku-Tsuki (Kiai)*.

Abb. 47 · 48

Abb. 49 · 50

Aus der Ausgangsstellung (Abb. 47) springen wir blitzschnell mit *Kizami-Tsuki* auf den Gegner zu (Abb. 48 und 49), d. h. der Körper wird aus dem *Hara* nach vorn geworfen. Unmittelbar mit dem Landen stoßen wir mit *Gyaku-Tsuki* zum *Solar-plexus* (Abb. 50). Also ein direktes Vorwerfen des Körpers aus dem *Hara*, seinen Höhepunkt findend im abschließenden kraftvollen *Gyaku-Tsuki*; alles auf eine Zeit, in einem einzigen schnellen Bewegungsvorgang.

Diese direkten Kampfkombinationen müssen zeitlich gesehen so ablaufen, wie wenn du ein Gummiband, das du in die rechte Hand genommen und mit der linken gespannt hast, jetzt links losläßt.

Du kannst den Angriff im *Karate* auch mit dem einer Katze vergleichen, die eine Maus belauert: In tiefer, geduckter Stellung lauert sie wachsam, springt dann weich und schnell auf ihr Ziel zu (Bewegungsimpuls) und greift dann beim Landen mit voller Kraft zu (Kraftimpuls = *Kime*). Der Brennpunkt, der Kraftimpuls, liegt also bei dieser Kombination im *Gyaku-Tsuki*.

Abb. 51 Abb. 52 Abb. 53 Abb. 54

Abb. 55 zeigt nochmal die grundschulmäßige Ausführung des *Kizami-Tsuki*. Das hintere Bein wird durchgestreckt, die Hüfte abgedreht und die Schulter ganz hineingestoßen.

Abb. 55

## Die Beintechnik (Keri)

Bei allen Beintechniken wird vor allem die Schnappbewegung aus dem Kniegelenk eingesetzt: Zuerst wird immer das Knie gebeugt hochgerissen, dann schnappt der Fuß ohne Unterbrechung der Bewegung aus dem Kniegelenk zum Ziel und wieder zurück. Wird dabei noch die Hüfte stark in Richtung der Fußtechnik gestoßen, so ist die Technik mehr ein gerader, kraftvoller Fußstoß (*keri-ke-komi*); wird hauptsächlich nur die Schnappbewegung des Knies eingesetzt, so haben wir einen mehr aufwärts gerichteten Fußschlag (*keri-ke-age*).

Abb. 56

Abb. 57

Abb. 58

Abb. 59

Abb. 60

Als Regel merken wir uns, daß bei größerer Entfernung mit *ke-komi* gestoßen wird (das Hineinwerfen der Hüfte in den Stoß verlängert seine Reichweite) während bei kurzer Distanz der Fuß mit ke-age (*age* = heben) nach oben geschnellt wird.

**Mae-Geri,** der Vorwärtsfußtritt (Abb. 56–61)

Das Knie wird hochgerissen und der Fuß ohne Unterbrechung der Bewegung nach vorne zum Ziel gestoßen und wieder zurückgefedert (Abb. 56–59 ist ein Tempo), dann erst den Fuß leicht und geräuschlos absetzen (Abb. 60).

Wichtige Punkte: Die Oberschenkel halten so lange wie möglich Kontakt miteinander, Standbein und Knie des Stoßbeines zeigen nach vorne. Der Fuß trifft vor der Körpermitte auf, damit alle Muskeln, vor allem die des Unterleibes (*Hara*), in die Technik konzentriert werden können. Es trifft der Fußballen auf, wobei zur Vermeidung von Verletzungen und zur Stärkung des Fußgelenks die Zehen angewinkelt werden. Ausnahme: *Mae-geri-ke-komi* mit der Ferse (siehe Grundlehrbuch). Siehe auch Abb. 61.

Der Körperschwerpunkt muß tief bleiben. Nicht aufrichten, sondern Standbein gebeugt lassen! Gleichgewicht.

Abb. 61

**Mawashi-Geri**, der Halbkreisfußtritt (Abb. 62—66)

Das Knie wird seitlich waagrecht hochgehoben und der Fuß dann ohne Unterbrechung nach vorne zum Ziel geschnellt. Das Ziel wird von der Seite mit dem Fußballen (oder Fußrücken) angegriffen. Das Standbein darf dabei höchstens um 90° (besser nur 45°) abgedreht werden, da sonst die Kraft nicht mehr nach vorn in Richtung des Angriffs konzentriert werden kann.

Abb. 62 · 63
Abb. 64 · 65 · 66

**Yoko-Geri**, seitlicher Tritt oder *Sokuto* (= Fußkante) (Abb. 67–72)

Hierbei wird die Fußkante nahe der Ferse als Waffe eingesetzt. Das Knie wird wieder angehoben, dann der schräggehaltene Fuß (Sohle soll möglichst immer parallel zum Boden zeigen) mit starkem Hüfteinsatz zum Ziel gestoßen (*Yoko-geri-ke-komi*, Abb. 69) oder aus dem Kniegelenk nach oben geschnellt (*Yoko-geri-ke-age*, Abb. 72).

Abb. 67

Abb. 68

Abb. 69

Abb. 70 · 71

Abb. 72

**Ushiro-Geri**, der Fußtritt nach rückwärts (Abb. 73—76)

Der Blick geht über die Schulter an der Seite des Stoßbeines zum Ziel. Dann wird wieder zuerst das Knie angehoben und der Fuß ohne Unterbrechung genau nach hinten zum Ziel gestoßen (Abb. 74—76). Die Oberschenkel halten solange wie möglich Kontakt miteinander. Das Bein muß ganz zur Streckung kommen. Es trifft die Ferse. Anschließend wird das Bein sofort wieder zu der in Abb. 74 gezeigten Stellung zurückgezogen und dann erst abgesetzt.

Abb. 75 · 74 · 73
Abb. 76

**Wichtige Grundsätze für alle Fußtechniken**

1. Man reiße zuerst das Knie hoch und lasse dann den Fuß ohne Unterbrechung der Bewegung zum Ziel schießen und sofort wieder zurückschnappen.

2. Man lasse das Standbein gut gebeugt mit der Fußsohle fest am Boden, damit man den Rückstoß auffangen kann, wenn der Fuß das Ziel trifft.

3. Auch die Beintechniken müssen genau abgezirkelt eingerastet werden. Wir müssen mit voller Kraft millimetergenau zuschlagen können.

4. Dabei hilft uns die richtige Spannung (Atmung) im Unterbauch (Hara). Man knicke aus diesem Grund auch besonders bei den Fußtechniken nicht in der Hüfte ein. Dadurch ist es auch nicht möglich, die Kraft aus dem Unterbauch in die Techniken zu übertragen. So wird die Technik geschwächt, denn die entscheidende Kraft bekommen auch die Fußtechniken aus dem Hara, verbunden mit der richtigen Atmung.

**Übungsmethoden**

Im Anschluß noch einige besondere Formen und Übungsmethoden für die Beintechniken.

1. Einige Anwendungsformen des *Ushiro-Geri*

Der Ushiro-Geri ist eine gute Kampftechnik. Die Verletzungsgefahr ist gering, und er ist, wenn er schnell und kraftvoll ausgeführt wird, schlecht abzuwehren.

a) *Ushiro-Geri* aus der Vorwärtsdrehung (Abb. 77–80)

Das Knie hochreißen, auf dem gebeugten Standbein drehen und die Hüfte stark in Richtung des Fußstoßes werfen. Dabei den Gegner nicht aus den Augen lassen. Mit dieser Technik kann man den Gegner im Bereich direkt vor uns bis rechts von uns aus gesehen angreifen (Viertelkreis).

Abb. 77

Abb. 78

Abb. 79

Abb. 80

b) *Ushiro-Geri* aus der Rückwärtsdrehung (Abb. 81—83)

Der vordere Fuß wird mit dem Ballen rechtwinklig zum Gegner aufgesetzt (Abb. 81). Jetzt wird dem Gegner schnell der Rücken zugedreht. Das muß so schnell wie möglich geschehen, denn hier liegt der gefährliche Punkt bei dieser Technik: Man verliert den Gegner kurz aus dem Gesichtsfeld. Jetzt sofort Blick über die rechte Schulter zum Gegner (Abb. 82) und, die Kraft aus der Drehung ausnützend, wird der Fuß nun in gerader Linie zum Gegner gestoßen (Abb. 83). Man achte besonders bei dieser Anwendungsform des *Ushiro-Geri* darauf, daß die Oberschenkel solange wie möglich miteinander Kontakt halten, damit der Fußstoß in gerader Linie das Ziel trifft und nicht etwa durch die Drehung in weit ausholendem Kreisbogen ankommt. In diesem Fall wäre es uns nicht möglich, die Kraft aus dem *Hara* in den Fußstoß zu übertragen, außerdem wird die Technik dadurch langsam, kann nicht arretiert werden (kein Brennpunkt) und bringt uns aus dem Gleichgewicht.

Abb. 81

Abb. 82

Abb. 83

Mit dieser Technik erreichen wir den Gegner, wenn er direkt vor uns bis seitlich links von uns steht (Viertelkreisbogen). In diesem ganzen Bereich ist die Zeit, in der wir ihn nicht im Blickfeld haben, kurz, und es gelingt ihm nicht, hinter unseren Rücken in den »toten Winkel« zu gelangen. Wende diese Technik aus diesen Gründen deshalb nur in den angeführten Fällen an.

c) *Ushiro-Geri* aus dem Nachsetzen (Abb. 84–86)

Einen Gegner, der vor unseren Angriffen zurückweicht, können wir mit folgender Art des *Ushiro-Geri* gut erreichen:

Aus der Rechtsvorwärtsstellung hinterkreuzt das linke Bein weit nach vorn (Abb. 85). Der Ballen wird dabei leicht aufgesetzt. Verlagere jetzt das Körpergewicht auf das linke Bein und stoße dabei, den Schwung der Vorwärtsbewegung ausnützend, rechts mit *Ushiro-Geri*. Dieser Angriff kommt dadurch mit vollem Körpereinsatz, ist stark und sehr schlecht abzuwehren.

Abb. 84

Abb. 85

Abb. 86

2. Übungsform für *Mae . . . Yoko* und *Ushiro-Geri* in der Verbindung (Abb. 87—93)

Ausgangsstellung: linke Vorwärtsstellung. Zuerst wird mit rechtem *Mae-Geri* vorgegangen (Abb. 87). Unmittelbar nach diesem ersten Fußtritt geht unser Partner einen Schritt zurück, so daß wir jetzt weiter vorgehen können mit *Mae-Geri* links (Abb. 88). Unser Partner geht wieder einen Schritt zurück, wir setzen nach mit *Yoko-Geri* rechts (Abb. 89), setzen wieder das Stoßbein nach vorne ab während unser Partner wieder einen Schritt zurückgeht und stoßen dann links mit *Yoko-Geri* (Abb. 90). Jetzt setzen wir das Stoßbein rechtwinklig zum Gegner nach vorne ab (Abb. 91), drehen uns auf dem Ballen schnell herum und stoßen mit *Ushiro-Geri* aus der Rückwärtsdrehung (Abb. 91 und Abb. 92). Zum Schluß machen wir noch einen *Mae-Geri* links (Abb. 93). Unser Partner geht nach jeder Fußtechnik jeweils einen Schritt zurück. Jetzt ist unser Partner an der Reihe. Sind

Abb. 87 · 88

Abb. 89

Abb. 90

wir wieder am Ausgangspunkt angelangt, so machen wir die Übung noch einmal, nur daß wir jetzt mit einem linken *Mae-Geri* beginnen. Auf diese Weise üben wir die Fußtechniken links und rechts und haben dabei jeweils ein Ziel vor Augen, auf das wir uns einstellen müssen.

Abb. 91

Abb. 92

Abb. 93

3. Eine Übungsform
für *Mae-Geri*
(Abb. 94–95)

Wir stehen in einem Kreis (oder in einer Reihe), linke Vorwärtsstellung. Jeder zählt auf zehn; dabei machen alle *Mae-Geri* (mindestens fünf Mann, mit der Zeit steigern auf zehn Mann = 100 Fußstöße). Anschließend Seitenwechsel.

Abb. 94

Abb. 95

4. Für *Mawashi-Geri* (Abb. 96–100)

Wir stellen uns in einer Doppelreihe auf (Abb. 96 und 97). Der Ranghöchste rechts zählt: »Eins!« und stößt dann mit *Mawashi-Geri* zum Solar-plexus seines Partners (Abb. 98). Gleichzeitig mit ihm stoßen alle Karateka, die in der gleichen Reihe stehen. Nun ruft sein Gegenüber laut: »Zwei!«, stößt dabei nun seinerseits mit *Mawashi-Geri*, mit ihm alle, die in der gleichen Reihe stehen (Abb. 99). Nach einiger Zeit Wechsel: Wer Rechtsvorwärtsstellung hatte, nimmt nun Linksstellung ein und umgekehrt.

Abb. 96
Abb. 97 · 98

Abb. 99

Abb. 100

## Zielübungen für *Mae-Geri* und *Yoko-Geri* (Abb. 101–102)

Unser Partner steht in *Zenkutsu-Dachi* rechts. Wir fassen seinen rechten Ärmel und schlagen zehnmal mit *Mae-Geri* unseren Fußballen unter sein Kinn. Jetzt ist er an der Reihe. Anschließend links üben.

Für *Yoko-Geri* muß unser Partner in *Kiba-Dachi* stehen. Lasse den Fuß mit *Yoko-Geri keage* hochschnappen, so daß Deine Fußkante unter seinem Kinn einrastet. Schlage hier mit äußerster Präzision, kraftvoll und genau abgezirkelt. Achte darauf, daß Deine Techniken mit *Kime* (Brennpunkt) millimetergenau zu den Zielpunkten geschlagen werden.

Abb. 101

Abb. 102

## Die Abwehrtechnik (Uke)

Da *Karate* ursprünglich eine Kriegskunst war, ist die Abwehrtechnik hoch entwikkelt. Es wird gesagt, die wahre Kunst im *Karate* sei, mit einer Abwehr zu beginnen und zu enden. Daraus geht hervor, daß das wahre *Karate* in seinem Wesen keine Angriffswaffe ist.

Die meisten Karateabwehren sind Abwehren mit »Brennpunkt« (*Kime*), d. h. daß die Kraft des ganzen Körpers für den kurzen Moment des Kontakts in den Auftreffpunkt konzentriert und dann sofort wieder gelöst wird (wie bei den Angriffstechniken). Der Vorteil dieser Abwehren mit Brennpunkt ist es, daß sie durch die Schockwirkung dem Angreifer meist einen solchen Schmerz zufügen, daß dieser von weiteren Angriffen absieht. Außerdem geraten wir durch diese Abwehren mit Brennpunkt nicht aus dem Gleichgewicht und sind sofort bereit, eine nächste Technik (Gegenangriff oder weitere Abwehr) durchzuführen.

### Wichtige Grundsätze beim Abwehren

1. Versuche die Kraft des Angreifers für Deinen eigenen Vorteil auszunützen.
2. Bleibe bei der Abwehr gut im Gleichgewicht.
3. Denke beim Abwehren immer daran, daß die entscheidende Kraft im Gegenangriff liegen muß. Betone deshalb die Abwehr nicht zu stark, sondern denke schon beim Abwehren an den Gegenangriff, den Du anschließend führen willst.
4. Passe beim Abwehren auf, daß Du dem Angreifer keine Blöße bietest. Auch beim Abwehren kommt die entscheidende Kraft aus der Hüfte (dem *Hara*). Sie wird im Moment des Abwehrens meist energisch weggedreht (und verstärkt so durch die Gegenkraft die Abwehr, außerdem verkleinert sich durch dieses Wegdrehen die Angriffsfläche, die sich unserem Gegner bietet). Unmittelbar im Anschluß an die Abwehr kann dann das kraftvolle Eindrehen der Hüfte für den Gegenangriff eingesetzt werden.

Unsere Abwehr muß den angreifenden Arm oder das angreifende Bein treffen solange es noch unterwegs ist. Versuche außerdem immer gleichzeitig mit der Abwehr Deinen Körper aus der Gefahrenzone zu bewegen (evtl. nur durch das Drehen der Hüfte – siehe bei *Soto-Ude-Uke* und *Gedan-Barai* –). Auf diese Weise mußt Du nicht die ganze ankommende Energie abblocken und im abwehrenden Arm »verarbeiten« (Schmerz oder Verletzung), sondern die Kraft wird nur abgelenkt, ins Leere geleitet und Du bist mit Deiner ganzen Kraft ohne Verzögerung für den Gegenangriff bereit. Bewege beim Abwehren deshalb schon Deinen Körper so, daß Du sofort den Gegenangriff führen kannst. (Siehe Punkt 1 und Punkt 3 unserer Vorbetrachtungen.) Bewege Dich aus diesem Grund beim Abwehren nicht bloß vorwärts, sondern vor allem seitlich weg (vor oder rückwärts).

**Der Aufwärtsblock** (*Age-Uke* oder *Jodan-Uke*) (Abb. 103–107)

Der angreifende Arm wird mit der Außenkante des Unterarms nach oben abgelenkt.

Abb. 103

Abb. 104

Abb. 105

Abb. 106

Vermeide folgende Fehler:

1. Hebe nicht die Schulter des abwehrenden Armes, das verhindert, daß die Kraft aus dem Unterbauch (*Hara*) über die seitlichen Rumpfmuskeln den Block verstärken kann.

2. Der Ellbogen darf nicht höher sein als die Hand, sonst wird die Abwehr enorm geschwächt.

3. Der Ellbogen des abwehrenden Armes darf nicht zur Körperseite hinausstehen, sonst gelingt es Dir nicht, die Körperkraft in den Auftreffpunkt zu konzentrieren (Abb. 106).

Von der Seite gesehen beschreibt der abwehrende Unterarm einen aufsteigenden Kreisbogen, so daß die Kraft des angreifenden Armes nicht »vernichtet« sondern nur abgelenkt wird (Abb. 107). So benötigst Du für Deine Abwehr auch nicht viel

Kraft, denn die Bewegung des angreifenden Armes wird nicht gestoppt, sondern weitergeführt, und Dein Gegenangriff kommt schon an, während sein angreifender Arm noch in Bewegung ist.

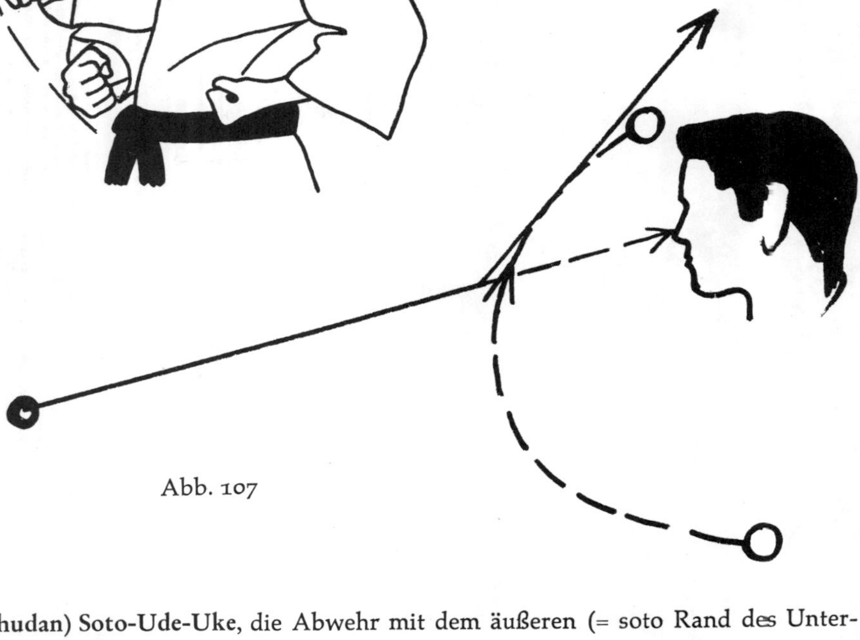

Abb. 107

**(Chudan) Soto-Ude-Uke**, die Abwehr mit dem äußeren (= soto Rand des Unterarms (Abb. 108—113)

Diese Abwehr heißt in der *Wado-Ryu Uchi-Ude-Uke,* weil die Abwehrbewegung von außen nach innen (= *uchi*) geht. Hierbei kommt die Kraft der Abwehr hauptsächlich aus dem Abdrehen der Hüfte. Die Faust des abwehrenden Armes dreht auch hier wieder ganz und rastet genau gegenüber der Schulter des anderen Armes ein (Abb. 111 und 113).

Abb. 108

Abb. 109

Abb. 110

Abb. 111

Abb. 112 · 113

Geblockt wird mit dem fleischigen Teil des Unterarms nahe dem Ellbogen (Abb. 112). Treffe den angreifenden Arm schon möglichst weit vorne, so wirft es den Angreifer mit seiner eigenen Kraft aus dem Gleichgewicht. Auch hier sehen wir ein Mitgehen in Angriffsrichtung und damit ein elegantes Abwehren (Abb. 112 und Abb. 113).

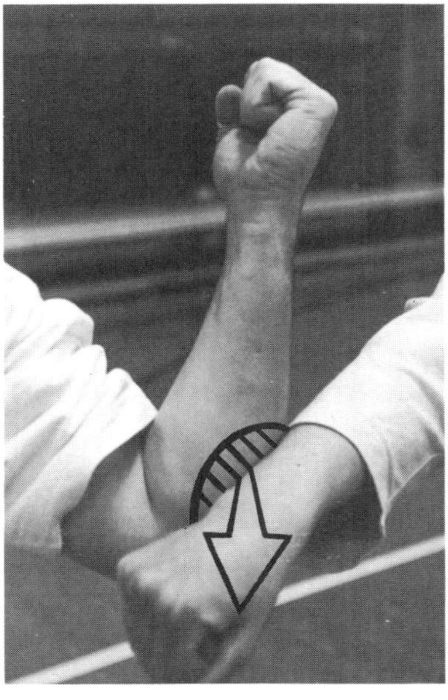

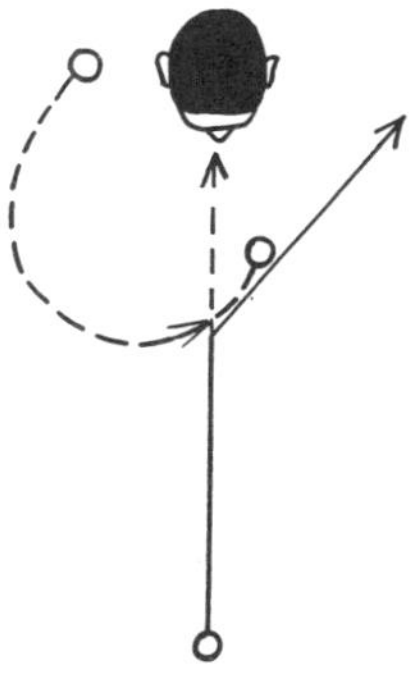

**Uchi-Ude-Uke,** die Abwehr mit dem inneren (= *uchi*) Rand des Unterarms (Abb. 114–116)

Diese Abwehr heißt in der *Wado-Ryu Soto-Ude-Uke,* weil die Abwehrbewegung von innen nach außen (= *soto*) geht. Mit dem Ellbogen als Drehpunkt wird der Unterarm nach außen geschnappt und durch das Abdrehen der Hüfte durch die Gegenkraft verstärkt. Hierbei kann nicht so »weich« abgewehrt werden wie bei *Age-Uke* oder *Soto-Ude-Uke,* sondern der Arm wird zur Seite geprellt entgegen der Angriffsrichtung. Auch hier die Drehung der Faust in der Endstellung.

Abb. 114 · 115 · 116

**Gedan-Barai,** der Abwärtsblock mit dem Unterarm (Abb. 117–122)

Diese Abwehr richtet sich vor allem gegen Beinangriffe. Auch diese Abwehr wird mit dem Ellbogen als Drehpunkt geschlagen. Das Abdrehen der Hüfte verstärkt auch hier durch die Gegenkraft die Abwehr. Diese Abwehr prellt die Angriffsgliedmaßen zur Seite in ähnlicher Weise wie *Uchi-Ude-Uke.* Im freien Kampf kann auch diese Abwehr in Verbindung mit dem Ausweichen so ausgeführt werden, daß sie die Angriffskraft nicht abstoppt, sondern weiterleitet. (Siehe bei den Kampfkombinationen.)

Abb. 117 · 118 · 119
Abb. 120 · 121 · 122

**Shuto-Uke,** die Handkantenabwehr (Abb. 123—129)

Der angreifende Arm wird von der Handkante zur Seite geschlagen. In der *Wado-Ryu* richtet sich die Abwehr gegen Angriff zur *Jodan*-Stufe. Im *Shotokan*-Stil wird die Abwehr *Chudan* ausgeführt (Abb. 128 und Abb. 129).

Abb. 123

Abb. 124

Abb. 125 · 126

*Shuto-Uke* arbeitet im Prinzip gleich wie die beiden zuvor beschriebenen Armtechniken *Gedan-Barai* und *Uchi-Ude-Uke*:

Mit dem Ellbogen als Drehpunkt werden die angreifenden Gliedmaßen zur Seite geprellt. Von einem eleganten Mitgehen mit der Angriffsbewegung wie bei *Age-Uke* und *Soto-Ude-Uke* sieht man hier nichts. Die beiden Kräfte – Angriff und Abwehr – sind sich beinahe entgegengesetzt, während bei *Age-Uke* und *Soto-Ude-Uke* die Abwehrbewegung sich der Angriffsrichtung anpaßt und den Angriff auf diese Weise leicht und elegant ablenken kann. Wenn nun die angreifende Kraft stärker ist als die abwehrende, so müßte bei *Uchi-Ude-Uke, Gedan-Barai* und *Shuto-Uke* der Angriff durchkommen, da die Abwehrbewegung sich gegen die Angriffsbewegung richtet (Abb. 130).

Abb. 127

Abb. 128

Abb. 129

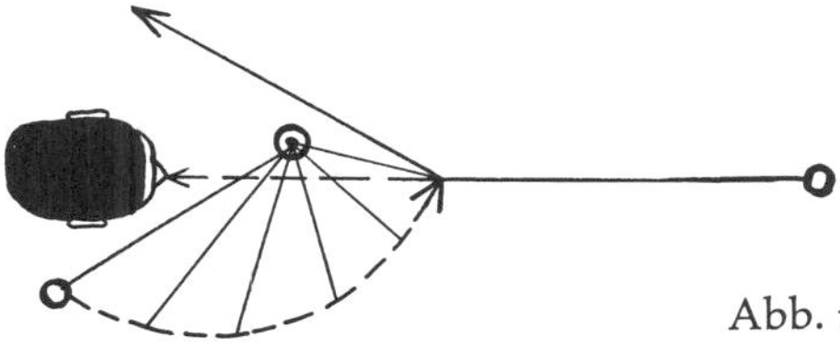

Abb. 130

Hier kommen wir nun wieder zurück auf die wichtigste Bewegung im ganzen Karate: auf die Bewegung der Hüfte (des Hara). Jede Bewegung erhält von dort Maß und Richtung. Die Wichtigkeit des Abdrehens der Hüfte lernten wir schon weiter vorne kennen als wichtigsten Faktor bei der Abwehr:

1. Die Angriffsfläche, die sich unserem Gegner bietet, wird kleiner.

2. Zum Gegenangriff können wir unsere Hüfte sofort nach der Abwehr scharf und kraftvoll wieder eindrehen. Der Gegenangriff erhält seine entscheidende Kraft aus diesem Drehen der Hüfte.

3. Durch das scharfe Wegdrehen der Hüfte bei der Abwehr wirkt die Gegenkraft verstärkend im abwehrenden Arm.

Warum ist aber die Hüftdrehung so besonders wichtig bei *Uchi-Ude-Uke*, *Gedan-Barai* und *Shuto-Uke*, wenn der Angriff so stark ist, daß wir ihn mit dem abwehrenden Arm nicht zur Seite schlagen könnten?

Lassen wir unsere Hüfte (und damit unseren Körper) unbeweglich und versuchen nur mit den Gliedmaßen abzuwehren, so kommt ein starker Angriff durch, da sich hier Kraft gegen Kraft richtet.

Drehen wir jedoch unsere Hüfte (und damit unseren Körper) scharf weg, so drükken wir uns gleichsam von dem starken Angriff weg — er trifft uns nicht, selbst wenn es uns nicht gelingt, das Angriffsglied auch nur einen Zentimeter zur Seite zu schlagen. (Abb. 131 und 132 zeigen *Gedan-Barai*; Abb. 133 und 134 *Uchi-Ude-Uke*.) In der Praxis addiert sich natürlich dieses Wegdrücken des eigenen Körpers

Abb. 131

Abb. 132

Abb. 133

Abb. 134

vom Angriff und das Wegprellen der Angriffsgliedmaßen. Ich hoffe aber sehr, daß wieder einmal ganz deutlich wurde, daß die Bewegungen im richtigen *Karate* immer Ganzkörperbewegungen sein müssen, ausgehend von der Hüfte und nicht nur Bewegungen von Armen und Beinen.

Auf diese Weise wird auch bei *Uchi-Ude-Uke*, *Gedan-Barai* und *Shuto-Uke* ein »ökonomisches« Abwehren ermöglicht, bei dem die Angriffsbewegung nicht abgestoppt, »vernichtet« wird (Verletzungsgefahr für beide), sondern bei dem wir uns aus der Angriffsrichtung »drücken« ohne das Risiko, daß unsere Abwehr von einem sehr starken Angriff »durchbrochen« würde. Das Wort »durchbrechen« paßt für etwas Festes, Starres. Unser Körper soll aber bei der Abwehr eines Angriffes nie unbeweglich und starr sein, die Abwehr soll vielmehr immer aus Arm- und Körperbewegung bestehen.

**Übungsformen für Abwehren**

Abschließend noch eine ganz ausgezeichnete Übungsform für die Abwehren in Verbindung mit dem Gegenangriff (Abb. 135–140). Hierbei wird besonders die Hüftdrehung bei Abwehr und Gegenangriff entwickelt, außerdem werden die Abwehren zum sicheren Reflex. Geübt werden bei dieser Übungsform die Abwehrtechniken, die wir am häufigsten brauchen: *Age-Uke, Soto-Ude-Uke* und *Gedan-Barai.*

Es wird immer abwechselnd und fortlaufend gestoßen und abgewehrt: Obere Stufe, mittlere Stufe, untere Stufe und sofort wieder obere Stufe usw.

Abb. 135

Abb. 136

Abb. 137

Abb. 138

Abb. 139

Abb. 140

## Zwei weitere Übungsformen für das reine Abwehren

Abb. 141—145

Du stehst mit dem Rücken zu einer Wand, Dein Partner greift Dich mit *Jodan-Tsuki* und *Chudan-Tsuki* an in unregelmäßiger Folge und jeweils da, wo Du eine Blöße bietest. Du sollst bei der Abwehr aus der Hüfte arbeiten, abducken, wegdrehen usw. Diese Übung stellt auch eine gute Reaktionsschulung dar. Dasselbe gilt für die nächste Übung, bei der Du allerdings alle Arten von Angriffen abwehren mußt (*Tsuki* und *Keri*).

Abb. 141

Abb. 142

Abb. 143

Abb. 144

Abb. 145

Du stehst in einer besonders tiefen und gespannten Stellung, in einer Stellung also, wie sie für den Kampf nicht zweckmäßig wäre. Dadurch werden aber Deine Muskeln und Sehnen gestärkt. Deine Füße müssen immer an der gleichen Stelle bleiben. Dein Partner greift mit *Tsuki* oder *Keri* an. Hier ist wie bei der vorhergehenden Übung nur beschränktes Ausweichen mit dem Körper möglich (und auch das nur aus der Hüfte bzw. durch Gewichtsverlagerungen). Besonders gute Übung also wieder für die Entwicklung sicherer Reflexe bei der Abwehr in Verbindung mit Gewichtsverlagerungen bzw. Körperdrehungen aus der Hüfte.

Abb.

Abb. 147

Abb. 148

Abb. 149

Abb. 150

## Grundtechniken in der Kombination

Bevor wir nun zu den Prinzipien und Techniken des freien Kampfes kommen, möchte ich noch einige Kombinationen von Grundtechniken beschreiben, die im Karate-Prüfungsprogramm verlangt werden und schon im Hinblick auf den freien Kampf zusammengestellt wurden. Diese Kombinationen werden deshalb auch schon in freier Form vorgeführt.

**1. Mae-Geri/Gyaku-Tsuki** (Abb. 151–154)

Diese Kombination wird für den *5. Kyugrad* (gelber Gürtel) verlangt. Die Kombinationen müssen flüssig als eine Einheit vorgeführt werden. Aus der Ausgangsstellung (Abb. 151) stoßen wir kraftvoll mit *Mae-Geri* (Abb. 152), werfen dabei den Körper aus dem *Hara* mit vor und landen mit einem starken *Gyaku-Tsuki* (Abb. 153).

Abb. 151

Abb. 152

Abb. 153

Abb. 154

2. **Mae Geri/Jodan-Chudan Rentsuki** (Abb. 155–158)

Abb. 156

Abb. 155

Abb. 158

Abb. 157

3. Yoko-Geri/Uraken/Gyaku-Tsuki (Abb. 159–165)

Abb. 161

Abb. 160

Abb. 159

Abb. 165 · 164 · 162

Abb. 163

### 4. Mawashi-Geri/Ushiro-Geri/Uraken (Jodan) Gyaku-Tsuki (Chudan) (Abb. 166—173)

Die Drehbewegung der Hüfte bei *Mawashi-Geri* ausnützend, setzen wir das stoßende Bein ab und drehen gleich weiter zum *Ushiro-Geri* (Abb. 170). Immer wenn unser Körper nach einer Fußtechnik seitlich zum Gegner steht (nach *Yoko-Geri Mawashi-Geri* und *Ushiro-Geri*), setzen wir nach mit *Uraken/Gyaku-Tsuki*. Aus dem Eindrehen der Hüfte erfolgen beide Techniken schnell hintereinander. *Uraken* zum Gesicht des Gegners oder Wegschlagen seiner Deckungshand nach innen oder außen.

Abb. 166

Abb. 167

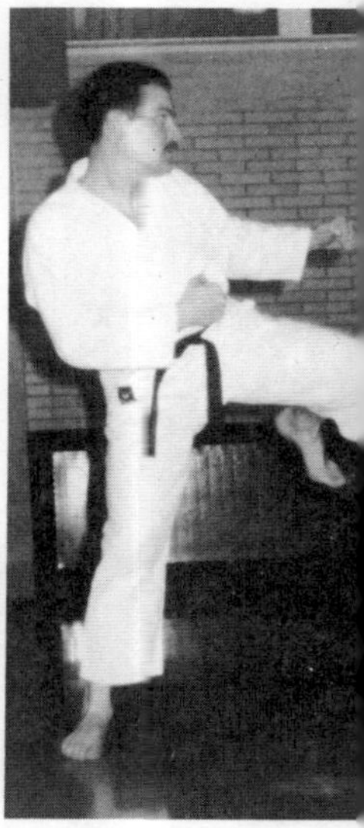

Abb. 168

Abb. 169

Abb. 170

Abb. 171

Abb. 172

Abb. 173

## Zusammenfassende Betrachtungen zu den Grundtechniken

An den Beginn dieser Betrachtungen möchte ich einen Ausspruch des weltbekannten japanischen Karatemeisters Hirokazu Kanazawa, 8. Dan, stellen:

> »Es gibt drei Wege, ein guter Karateka zu werden: 1. Grundschule, 2. Grundschule, 3. Grundschule.«

Das bedeutet selbstverständlich nicht Verzicht auf Kampftraining und vor allem nicht auf die *Kata*. Vielleicht trägt folgendes noch zum Verständnis bei: Kanazawa antwortete auf die Frage, wie er sich immer auf Meisterschaften vorbereitet habe: »In den Tagen vor dem Turnier trainierte ich besonders hart Grundtechniken.«

Die Grundtechniken sind der Schlüssel zum Erfolg!

Der wichtigste Kraftquell für alle Ganzkörperbewegungen liegt in unserem Körperschwerpunkt in der Hüftgegend, genauer im Unterbauch (dem *Hara*). Es ist ganz besonders im *Karate* wichtig, daß man das erkennt. Die Bewegungen im *Karate* sind nicht nur Bewegungen von Armen und Beinen, sondern immer Ganzkörperbewegungen ausgehend vom *Hara*, von dem sie Maß und Richtung erhalten.

Die Muskeln unserer Bauchgegend sind stark aber langsam, während die Muskeln der Extremitäten schnell aber schwächer sind. Es gilt deshalb ganz grundsätzlich für alle Bewegungen im *Karate* der Satz:

Die Hüftgegend bewegt sich zuerst, danach die Glieder.

Nur so kann die Kraft aus dem *Hara* in die Gliedmaßen übertragen werden. Da jede Technik ihre entscheidende Kraft aus dem *Hara* erhält, muß im Moment des Auftreffens eine direkte Verbindung zum *Hara* bestehen. Diese Verbindung muß in diesem kurzen Moment ohne schwache Stelle sein, damit die Kraft aus dem *Hara* in den Auftreffpunkt übertragen werden kann (Spannungshöhepunkt). Beim Fauststoß sieht das so aus:

Der stoßende Arm muß grundsätzlich ganz zur Streckung kommen. Die Verbindung zu den starken Unterleibsmuskeln geschieht besonders durch die seitlichen Brustmuskeln. Diese Spannung der seitlichen Brustmuskeln ist für alle Armtechniken (auch für Abwehr- und Schlagtechniken) äußerst wichtig! Also auf keinen Fall die Schulter anheben, das macht es uns unmöglich, diese seitlichen Brustmuskeln zu spannen und schwächt deshalb unsere Technik enorm.

Die zurückgehende Faust muß ganz zurückgenommen werden, und der Ellbogen wird aufs Rückgrat zu gepreßt. Dadurch bekommen wir auch die andere Körperhälfte unter Spannung. Bei nur einseitiger Spannung ist unsere Technik bei weitem nicht so wirkungsvoll, außerdem schwächen wir dadurch unsere eigene Stabilität ganz erheblich: Es genügt ein leichter Schlag mit der offenen Hand von vorne gegen unsere stoßende Faust, um uns aus dem Gleichgewicht zu bringen.

Unser *Hara* kann nur dann kraftvoll arbeiten, wenn wir nicht in der Bauchgegend abknicken. Dann nämlich ist uns diese entscheidende Kraftquelle verschlossen und unser Karate besteht nur aus vielleicht schnellen aber schwachen Bewegungen der Gliedmaßen; die kraftvolle »Mitte« fehlt! Deshalb bei allen Techniken aufrechte Körperhaltung! Nur so können wir Kraft in unsere Körpermitte (den *Hara*) geben und sie auf die Gliedmaßen übertragen.

Zwischen vielen Techniken bestehen direkte Verbindungen (siehe auch Grundlehrbuch). Suche und erkenne solche Zusammenhänge; ihr Verständnis ist uns beim Training sehr nützlich:

| | |
|---|---|
| *Oi-Tsuki* und *Mae-Geri*. | Beide nützen das direkte Vorwerfen des Körpers aus dem *Hara* aus. |
| *Gyaku-Tsuki* und *Mawashi-Geri*. | Beiden gemeinsam ist die scharfe Hüftdrehung. Hier sehen wir auch besonders deutlich die Richtigkeit des Grundsatzes: Bewegung der Hüfte zuerst, dann die Bewegungen der Gliedmaßen. |

Eine ähnliche Verbindung besteht zwischen den Bewegungen beim *Uchi-Ude-Uke* und denen des *Yoko-Geri*.

Sensei Kanazawa (*Sensei* = Lehrer) meinte zum Problem des »Altwerdens« im Karate, daß ein Mann mit 70 Jahren immer noch in der Lage sei, genau so hart und schnell zu schlagen wie ein junger Mann. Der Beweis dafür ist der Begründer des *Karate*, Gichin Funakoshi, der in Abb. 3 im Alter von 88 Jahren Karatetechniken demonstriert. Kanazawa begründet das so: »Das ganze *Karate* geht vom Unterbauch (dem *Hara*) aus. Im Alter können wohl die Gesichtsmuskeln und auch die Muskeln der Extremitäten schlaffer werden, die Muskeln des Unterbauches aber bleiben stark.«

Die wichtigste Bewegung ist auch bei den Abwehrtechniken die Drehung der Hüfte. In Verbindung mit der Abwehrtechnik wird die Hüfte scharf weggedreht (dadurch überträgt sich eine verstärkende Gegenkraft auf den abwehrenden Arm). Siehe auch im Kapitel »Der freie Kampf« unter »Kontertechniken« und bei dem Kapitel »Die Abwehrtechnik«.

Übe die Grundtechniken mit rechtem Verständnis unermüdlich und in jeder Trainingsstunde. Sie sind der Schlüssel zum Erfolg.

# Der freie Kampf

**Vorbetrachtung**

*Karate* ist in seiner ursprünglichen Form ein Zweikampf. Auch heute noch stellt der freie Kampf die Höchstform des *Karate* dar. Durch die Forderung, auch den stärksten Angriff kurz vor Körperkontakt zu stoppen, wird äußerste Körperbeherrschung und Selbstdisziplin verlangt und entwickelt. Nur den Karateka, die durch das intensive Üben der Grundtechniken dieses Stadium erreicht haben, ist diese Stufe vorbehalten und ermöglicht es auf diese Weise, daß die Wettkämpfe ungefährlich sind.

Besonders im Karate-Wettkampf wird es deutlich, daß nicht der Sieg oder die Niederlage im Vordergrund stehen, sondern der Sieg über sich selbst (körperlich und geistig), denn es kann nur jemand gewinnen, der seinen Körper und seinen Geist unter vollkommener Kontrolle hat. Die Charakterschulung steht also an erster Stelle, der Sieg über den anderen ist zweitrangig. Nur die Karateka, die dieses wahre Wesen des Karate erkennen, werden Karate richtig lernen können.

Der Weg zum freien Kampf (*Jiyu-Kumite*) führt vom Erlernen der Einzeltechniken in der Grundschule (*Kihon*) über die einfachen Partnerübungen *Ippon* und *Sanbon-Kumite*, den halbfreien Partnerkampf (*Jiyu-Ippon-Kumite*) bis zur Höchststufe, dem freien Kampf zweier Karateka, die durch die lange Schulung auf Kraft, Präzision und Genauigkeit hindurchgegangen sind. (Über *Ippon-* und *Sanbon-Kumite*, sowie über *Kihon* und *Jiyu-ippon-kumite* siehe Grundlehrbuch.)

Dieses Kapitel zeigt Techniken für den freien Kampf, die vor allem für Fortgeschrittene wichtig sind. Aber auch der Anfänger kann diese schon in freier Form ausgeführten Kampftechniken mit großem Gewinn üben, muß sich aber hüten, in den Fehler zu verfallen, die Grundtechniken darüber zu vernachlässigen. Die Grundtechniken sind das Fundament des ganzen Karate. Lege deshalb auch als Fortgeschrittener großen Wert auf das Üben der Grundtechniken im *Kihon*.

# Grundprinzipien für den freien Kampf

## 1. Die Kampfstellung

Jeder kann die Kampfstellung so wählen, wie sie ihm geeignet erscheint. Vermeide aber auf jeden Fall angespannte, verkrampfte Stellungen. Nur aus einer entspannten Haltung heraus (auch geistig) kannst Du blitzschnell reagieren. (Siehe auch über die geistigen Grundlagen des Kämpfens im Grundlehrbuch.) Abb. 174: Meister Toyama zeigt hier eine sehr schöne Kampfstellung, die bei unverkrampfter, aufrechter Haltung sehr deutlich die innere Bereitschaft zeigt. Beachte, wie hier die Körperhaltung auf den *HARA* konzentriert ist, wie er gelöst und doch voll innerer Bereitschaft in »der rechten Mitte« steht.

Abb. 174

## 2. Der Abstand

Wähle den Abstand so groß, daß Du immer etwas außer der Reichweite Deines Gegners bist. Das gilt aber nur für den passiven Teil des Kampfes. Um einen Punkt zu erzielen, mußt Du so nahe an den Gegner herankommen, daß Du ihn mit Armen oder Beinen erreichst.

Bist Du kleiner als Dein Gegner, so mußt Du rangehen. Seine längeren Arme und Beine kann er dann nicht mehr einsetzen, während Du für Deine Techniken jetzt erst den richtigen Abstand hast.

Bist Du größer als Dein Gegner, so mußt Du ihn umgekehrt auf Abstand halten, um für Deine längeren Arme und Beine immer den richtigen Angriffsabstand zu haben. Du kannst, besonders wenn Du schnelle Fausttechniken hast, den Abstand zum Gegner so bemessen, daß Du für Fußtechniken zu nah stehst aber noch nicht in Reichweite für seine Armtechniken. Von hier aus hast Du Handlungsfreiheit.

Wird der Abstand im Verlauf des Kampfes so gering, daß Ihr in Reichweite für Fauststöße seid (Abb. 175), so mußt Du derjenige sein, der sofort ohne zu zögern angreift, denn ein blitzschneller Faustangriff (oder evtl. Doppelstoß *Jodan-Chudan*) ist in diesem Fall sehr schlecht abzuwehren (Abb. 176).

Abb. 175

Abb. 176

**3. Die Deckung**

Ist der Abstand zu Deinem Gegner groß, so nehmen wir die Deckung nach unten, da hier zumindest der erste Angriff Deines Gegners mit Fußtechniken geführt werden wird (Abb. 177). Wird der Abstand kleiner, geht die Deckung mit hoch, da jetzt Armtechniken zu erwarten sind (Abb. 178). Halte die Arme gebeugt. Hält Dein Gegner die Arme gestreckt (Abb. 179), so greife sofort an. Er muß nämlich, um reagieren zu können (in Abwehr oder Gegenangriff), seine Arme zuerst beugen, und in dieser Zeit ist Dein Angriff »durch« (Abb. 180).

Abb. 177

Abb. 178

Abb. 179

Abb. 180

**4. Die Bewegung**

Wähle immer eine Gangart, die von der Deines Gegners verschieden ist. Bewegt sich Dein Gegner zum Beispiel kaum, steht gut gedeckt in einer starken Stellung, so mußt Du beweglich sein, mußt ihn in Bewegung bringen und dann angreifen.

Greift Dich jedoch Dein Gegner laufend auf schnellen Beinen an, so nimm eine tiefe Stellung ein, dadurch bist Du stark. Blocke einen Angriff Deines Gegners und führe sofort den Gegenangriff.

Damit wir die Überlegungen über die Bewegung im Kampf richtig verstehen, ist es wichtig, daß wir dabei nicht nur an die Bewegung des Körpers denken: Wenn Du selbst in einer starken, unbeweglichen Stellung verharrst, muß Dein Geist beweglich und wachsam sein. Wenn Du Dich im Kampf schnell herumbewegst, muß jedoch Dein Geist ruhig bleiben, sonst greifst Du überhastet, nervös an und erfaßt die wechselnden Kampfsituationen zu spät. Dein Geist muß bereit sein, still und ruhig wie das Wasser in einem Teich, immer bereit dorthin abzufließen wo es gebraucht wird. (Siehe auch im Grundlehrbuch die Betrachtungen über die geistige Haltung.)

Du mußt also, um allen Gegnern gewachsen zu sein, alle Gangarten beherrschen. Kämpfe schnell und beweglich gegen starke, unbewegliche Gegner; stehe stark und gut gedeckt gegen bewegliche Gegner. Wechsle auch möglichst während eines Kampfes öfters die Gangart: Greife Deinen Gegner einmal mit mehreren Techniken an, bringe ihn in Bewegung. Das andere Mal läßt Du ihn kommen und konterst. In engem Zusammenhang dazu stehen auch folgende Grundsätze:

a) im Angriff

Mache nicht nur einen Angriff, sondern immer eine Folge (Kombinationen)

b) in der Verteidigung

Gehe nicht nur abwehrend zurück. Bleibe nach der zweiten, dritten Abwehr gut stehen und kontere sofort. Noch besser ist es, nach dem ersten, zweiten oder dritten Angriff (wenn er in einer Folge angreift) seitlich aus der Angriffsrichtung zu gleiten und dabei oder sofort anschließend den Gegenangriff zu führen.

Sei hier vor allem in der Hüfte beweglich, lasse dadurch den gegnerischen Angriff leerlaufen.

**5. Die Kampfweise**

Dein Gegner ist groß, er kämpft in einer hohen Stellung frontal mit sehr guter Deckung gegen Angriffe von vorn.

Das ist oft die Kampfweise von großen Karateka. Sie marschieren sofort auf Dich zu und wehren jeden verzweifelt geführten »Aufhalteversuch« Deinerseits durch ihre starke, frontale Deckung meist leicht ab. Verfalle hier nicht in den Fehler, den »Rückwärtsgang« einzulegen. Denke daran, daß Du in einer tiefen und unbeweglichen Stellung sehr stark bist. Nimm diese Stellung ein, blocke die Angriffe Deines Gegners und kontere sofort. Hast Du bei aufrechtem Körper Deinen Schwerpunkt tiefer als Dein Gegner, so bist Du potentiell stärker und meist im Vorteil. Gehe jetzt Deinerseits vor und greife an, immer aus der tiefen Stellung, die aber trotzdem entspannt sein soll. Eine andere Möglichkeit ist, Dich immer seitlich zum Gegner zu bewegen und von der Seite anzugreifen. Das ist er mit seiner frontalen Kampfesweise nicht gewöhnt, verwirrt ihn, und so kannst Du Lücken in seiner Deckung schaffen und ausnützen.

## Die Kombinationstechnik

Im Karate-Wettkampf (*Jiyu-Kumite*) kommt es darauf an, daß wir eine Blöße beim Gegner erkennen (oder herbeiführen) und blitzschnell ausnützen. Da unser Gegner im Wettkampf aber auch Karateka ist, müßten wir schon überdurchschnittlich schnell sein, um mit einem direkten Angriff durchzukommen. Es ist dasselbe wie im Judokampf, in dem gute Judoka auch selten direkt angreifen, sondern immer mit Kombinationen arbeiten. Greife deshalb im Karatewettkampf nicht nur einmal an, sondern immer in einer Folge (außer Du bist sehr schnell und kannst deshalb eine Blöße beim Gegner direkt ausnützen). Ich denke dabei an die Kombinationstechnik, mit der Du Dich im Karate beschäftigen mußt, wenn Du im Kampf Erfolg haben möchtest.

Die Möglichkeiten für Kombinationen von Karatetechniken seien anschließend kurz aufgezeigt. Zu jeder Sparte werden einige Beispiele ausgeführt. Bevor ich jedoch in die ausführliche Behandlung der Kombinationen einsteige, möchte ich hier vor einem Fehler warnen, dem besonders der Anfänger (aber nicht nur er) zu gern verfällt: Dem Arbeiten nur mit Fußtechniken.

Gewöhne Dir beim Üben von Angriffsfolgen unbedingt an, der oder den Fußtechnik(en) immer noch einen oder mehrere Fauststöße folgen zu lassen. Nun aber zu den Kombinationsmöglichkeiten:

1. *Tsuki-Tsuki* (*-Keri*)
2. *Tsuki-Keri* (*-Tsuki*)
3. *Keri-Keri* (*-Tsuki*)
4. *Keri-Tsuki* (*-Tsuki*)

Natürlich sind auch Dreier- oder Viererkombinationen möglich (wie oben angedeutet). Es ist für Dich sehr von Vorteil, wenn Du aus jeder Gruppe mindestens eine Kombination gut beherrschst.

### 1. Kombination mit Handtechniken

Hier eine kurze Vorbemerkung: Setze im Karatewettkampf vor allem den Fauststoß (*Tsuki*) ein. Er ist die schnellste und direkteste Technik, die Du ansatzlos herausschießen kannst. Vernachlässige deshalb den Fauststoß nicht, er ist mit die Hauptwaffe im Karatekampf. Übe ihn auch als Fortgeschrittener unermüdlich in der Grundschule im Dojo und zu Hause für Dich, wenn immer Du ein paar Minuten Zeit dazu findest. Auf diese Weise kannst Du ihn immer schneller und stärker machen.

a) *Jodan Kizami-zuki . . . Gyaku-zuki* (Abb. 181–185)

*Jodan Kizami-zuki* ist ein Fauststoß ohne Brennpunkt zur oberen Stufe, der nur dazu dienen soll, beim Gegner die Aufmerksamkeit (und evtl. auch die Deckung) nach oben zu lenken und so für den eigentlichen Angriff eine Blöße zu schaffen.

Abb. 181

Abb. 182

Abb. 183

Gehe beim Angriff mit *Jodan Kizami-zuki* nicht frontal vor (sonst rennst Du evtl. genau in seine linke Gerade), sondern greife seitlich an, prelle dabei mit Deinem stoßenden Arm seinen vorderen Deckungsarm etwas nach innen. So läufst Du keine Gefahr, von ihm gekontert zu werden (Abb. 182). Setze jetzt blitzschnell das vordere Bein zur Seite und greife dann *Chudan* an mit *Gyaku-zuki* (Abb. 183). Diese Kombination wird schon beim 6. Kyugrad verlangt (weißer Gürtel). Dieselbe Kombination ist natürlich auch umgekehrt möglich (links vor, rechts *Gyaku-zuki*). Da Du aber auch hier besser mit *Kizami-zuki* von außen über den vorderen Deckungsarm stößt, kommst Du mehr zu seiner Rückenseite (Abb. 184). Auch hier dann als zweite Technik *Gyaku-zuki* (rechts) möglich oder wenn Du näher am Gegner bist *Shuto-Uchi* zu den Nieren (Abb. 185) oder *Mawashi-Tsuki* zum Hinterkopf, Genick.

Abb. 184

Abb. 185

b) *Uraken-Uchi . . . Gyaku-zuki* (Abb. 186—188)

Auch das ist eine Kombination *Jodan . . . Chudan*. Gleite vor und schlage mit *Uraken* seitlich (Abb. 187) oder von oben nach unten (Abb. 186), setze dann sofort das vordere Bein zur Seite mit *Gyaku-zuki Chudan* (Abb. 188). Es ist wichtig, nicht nur oben zu täuschen und unten anzugreifen bei sonst unbewegtem Körper, sondern auch hier wie bei a) den Körper mitzunehmen, d. h. die Beinstellung zu verändern und durch diese Gewichtsverlagerung die eigentliche Angriffstechnik wirksamer zu machen. Außerdem wird der Gegner dadurch, daß sich auch unser Körper bei der Kombination bewegt, vollends irritiert.

Das sind nur zwei Beispiele für die erste Gruppe von Kombinationsmöglichkeiten. Es ist natürlich auch möglich, umgekehrt anzugreifen: zuerst *Chudan*, dann die dadurch entstehende Deckungslücke *Jodan* auszunützen.

Abb. 186

Abb. 188

Abb. 187

## 2. Kombinationen Armtechnik-Fußtechnik

Hierbei wird meistens oben angetäuscht und die Blöße, die dadurch unten entsteht, mit dem Fußangriff ausgenützt.

a) *Kizami-Tsuki/Mae Geri* (Abb. 189–192)
Auch hier wieder eine Bewegung aus dem Vorwerfen des Körpers mit *Kizami-Tsuki* (Abb. 190 u. 191), kraftvoll im *Mae-Geri* gipfelnd (Abb. 192). Die stoßende Faust bleibt vorn, um den Gegner zu irritieren.

b) *Gyaku-Tsuki/Mae-Geri* (Abb. 193 u. 194)
Unmittelbar im Anschluß an das Vorwerfen der Faust wird auf der gleichen Körperseits der Fuß nach vorn gerissen zum *Mae-Geri* (Abb. 194).

c) *Kizami-Tsuki/Mawashi-Geri* (Abb. 195 u. 196)
*Kizami-Tsuki* mehr von außen (Abb. 195).

Abb. 189

Abb. 190

Abb. 191

Abb. 192

Abb. 193

Abb. 194

Abb. 195

Abb. 196

### 3. Kombinationen mit Fußtechniken

a) *Mae-* (oder *Yoko-*)*Geri* ... *Ushiro-Geri* (Abb. 197–198)

Nach dem ersten Fußtritt *Ushiro-Geri*, je nachdem wie weit und in welche Richtung der Gegner zurückgeht, aus der Vorwärtsdrehung, der Rückwärtsdrehung oder aus dem Nachsetzen (lies nach unter *Ushiro-Geri*).

b) *Yoko-Geri* ... *Mawashi-Geri* (Abb. 199–200)

Bei dieser Kombination kann man sehr schön die Kraft aus der Hüftdrehung in die zweite Technik hineinwerfen.

Abb. 197

Abb. 198

Abb. 199

Abb. 200

c) *Mawashi-Geri . . . Mawashi-Geri* (Abb. 201—202)
Fortlaufendes Angreifen mit *Mawashi-Geri* wenn der Gegner zurückweicht.

**4. Kombinationen Fußtechnik . . . Armtechnik**

Grundsatz: die Blöße, die durch unseren Fußangriff geschaffen wurde, mit Tsuki ausnützen. Ohne hier auf die vielen Kombinationen einzugehen, die sich auch schon aus 3. ergeben, möchte ich hier nur den wichtigsten Punkt herausgreifen:

Nach einem Fußangriff sind wir für einen nachfolgenden Faustangriff meist zu weit weg vom Gegner, außerdem bewegt er sich dabei auch meistens zurück

Abb. 201

Abb. 202

Abb. 203

(Abb. 203). Wir müssen also eine größere Distanz überbrücken als uns das durch das bloße Absetzen des stoßenden Beines nach vorne möglich wäre. Hier hilft uns der Spannungsvorrat im gebeugten Standbein (Abb. 204). Dadurch können wir uns weit nach vorne katapultieren (Abb. 205 bis Abb. 206). Dabei wird das hintere Bein nachgezogen (Gleitschritt) und unmittelbar mit dem Aufsetzen der Füße gestoßen (Abb. 207), und zwar je nach Deckung des Gegners *Chudan, Jodan* oder Doppelstoß *Jodan-Chudan* (*Renzuki*). Wichtig bei dieser ganzen Aktion ist, daß das Standbein während des Fußangriffes gebeugt bleibt bei aufrechtem Oberkörper und daß der stoßende Fuß sofort wieder zum Knie des Standbeines zurückgenommen wird.

Abb. 204

Abb. 205

Abb. 206 · 207

### 5. Wiederholen der Angriffstechnik

Eine weitere Möglichkeit für Kombinationen ist es, dasselbe Ziel mit derselben Technik ein zweites Mal unmittelbar nach dem ersten Angriff anzugreifen. Das kann mit *Tsuki* oder mit *Keri* sein. Dein Gegner muß mit einer momentanen Anspannung Deinen ersten Angriff abwehren. Gleich danach kommt eine Phase, in der seine Deckung schwach ist, und Du kannst dies durch einen sofort anschließenden Angriff zum gleichen Ziel ausnützen. Eine ähnliche Taktik ist es, ein- oder zweimal nicht sehr schnell anzugreifen und dann plötzlich dasselbe Ziel blitzschnell anzugreifen. Durch die langsameren Angriffe wiegt er sich in Sicherheit und wird durch den blitzschnellen dann überrumpelt.

### 6. Den Gegner aus dem Gleichgewicht bringen und dann angreifen

a) *Ashi-Barai* (Fußfegen) . . . Angriffstechnik:

Das vordere Bein des Gegners wird von außen schwungvoll mit unserer Fußsohle gefegt (= *barai*), am besten in Höhe seines Knöchels (Abb. 208). Achte dabei darauf, daß die Kraft für dieses Fegen aus der Hüfte kommt und daß Du mit dem Oberkörper nicht zu nahe am Gegner bist, der Dich sonst mit *Tsuki* erreichen kann. Fege schnell und kraftvoll! Kommt er dabei zu Fall, müssen wir sofort mit einer Technik folgen (Abb. 209 zeigt Stoß zur Schläfe) *Tsuki* oder *Keri* möglich (Stampftritt mit der Ferse). Meist wird der Gegner dabei aber nur aus dem Gleichgewicht gebracht. Das können wir sofort mit einem linken *Mawashi-Geri* ausnützen (Abb. 210 und Abb. 211). Achte darauf, wie sich Meister Toyama mit dem linken Arm gegen eventuelle Gegenangriffe seines Gegners deckt (Abb. 211).

**Ashi-Barai/Tsuki** (Abb. 212 u. 213)

Den Körper beim Fegen mit nach vorne werfen und mit dem Aufsetzen des vorderen Beines *Oi-Tsuki* zum Gesicht (Abb. 213). Man kann nach *Ashi-Barai* auch mit *Gyaku-Tsuki* angreifen.

Abb. 208

Abb. 209

Abb. 210

Abb. 211

Abb. 212

Abb. 213

b) *Fumi-Komi* (Stampftritt) . . . Angriffstechnik

Anstatt zu fegen, können wir mit dem gleichen Fuß mit Fumi-Komi angreifen, um den Gegner aus dem Gleichgewicht zu bringen. Abb. 214 zeigt den Stampftritt mit der Fußaußenkante, Abb. 215 mit der Fußsohle. *Fumi-Komi* ist gegen einen Gegner geeignet, der etwas seitlich steht.

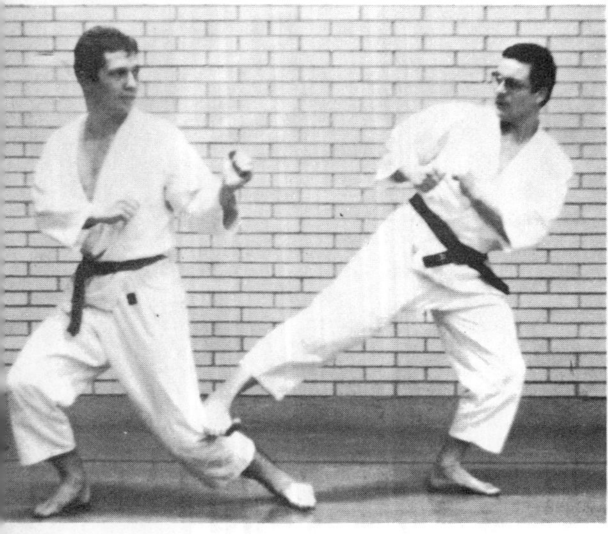

Abb. 214

Abb. 215

### 7. Die Deckung des Gegners wegschlagen und angreifen

Mit der Handkante wird der vordere Deckungsarm des Gegners hart weggeschlagen. Dieses Wegschlagen muß ohne vorheriges Ausholen blitzschnell geschehen und läßt sich besonders gut ausführen, wenn unser Gegner seine Deckung etwas gestreckt hält. Schlage seinen Arm nach innen abwärts weg, so wird er etwas aus dem Gleichgewicht geworfen (Abb. 216). Jetzt sofort Angriff mit *Tsuki* (Abb. 217) oder *Keri* (Abb. 218).

Eine ähnliche Möglichkeit bietet sich, wenn es uns gelingt, den Deckungsarm des Gegners zu ergreifen, ihn dadurch aus dem Gleichgewicht zu bringen und sofort anzugreifen. Dieses Ergreifen des Deckungsarmes können wir noch auf eine andere Art durchführen: *Jodan-zuki*, der Gegner blockt (Abb. 219), sofort Angriffshand öffnen, nach unten fallen lassen und den Gegner senkrecht zur Verbindungslinie seiner Füße aus dem Gleichgewicht reißen. Gleichzeitig Angriff mit *Tsuki* (Abb. 220) oder *Keri*.

Abb. 216

Abb. 217

Abb. 218

Abb. 219

Abb. 220

**8. a) Kizami-Tsuki/Mae-Geri/Jodan-Chudan Rentsuki** (Abb. 221–225)

Das ist eine Kombination aus dem Prüfungsprogramm für den 2. Kyu-Grad (blauer Gürtel). Versuche die ganze Kombination flüssig ohne Stockungen und Unterbrechungen durchzuführen.

Abb. 221

Abb. 222

Abb. 223

Abb. 224

Abb. 225

b) *Mawashi-Geri/Uraken/Gyaku-Tsuki* (Abb. 226–230)

Diese Kombination ähnelt der auf S. 64 beschriebenen, nur ohne *Ushiro-Geri*. Mache mit dem Absetzen des Stoßbeines *Uraken* und dann ohne Unterbrechung *Gyaku-Tsuki*.

Abb. 226 · 227

Abb. 228

Abb. 229

Abb. 230

Eine weitere Möglichkeit zum Angriff zu kommen ist es, wenn Du einen solchen Abstand zum Gegner hast, daß Beintechniken nicht mehr und Armtechniken noch nicht angewandt werden können. Lasse jetzt Deinen Oberkörper an derselben Stelle, schiebe aber Deinen vorderen Fuß langsam nach vorne (das Gewicht ist auf dem hinteren Bein). Jetzt kannst Du völlig überraschend Deinen Körper nach vorn werfen nur durch Gewichtsverlagerung und mit *Tsuki* angreifen.

Das waren nun bisher Techniken für den eigenen Angriff. Wir müssen im Kampf aber auch in der Lage sein, bei gegnerischen Angriffen nicht nur abzuwehren, sondern sofort den Gegenangriff zu führen. Es ist deshalb genauso wichtig, sich mit Kontertechniken zu beschäftigen.

## Kontertechniken

Die wichtigste Bewegung in der Kontertechnik, d. h. bei der Abwehr in Verbindung mit einem Gegenangriff ist die Bewegung der Hüfte.

Durch die gut beherrschte Hüftbewegung ist es uns möglich, den Angriff in Verbindung mit der Abwehr passieren zu lassen, ohne daß die Angriffsbewegung abgestoppt wird und die Angriffsenergie in unseren blockenden Gliedmaßen verarbeitet wird (Verletzungen). Auf diese Weise stehen wir auch für den folgenden Gegenangriff günstiger, weil wir seinen eigenen Angriffsschwung für uns ausnützen können. Bei der Abwehr also nicht nur zurückgehen, sondern seitlich aus der Hüfte ausweichen. Am besten ist es, beim Abwehren und Ausweichen möglichst nach außen zu gleiten. So sind wir aus dem Bereich seiner anderen Hand, außerdem kommen wir beim Ausweichen zur Außenseite aus seinem Blickfeld. Dafür nun einige Beispiele:

## 1. Kontertechniken gegen Fußangriffe

Die Kontertechniken gegen Fußangriffe sind zunächst von größerer Bedeutung als die gegen Armtechniken, da der Kampf meist aus der größeren Distanz mit Keri eröffnet wird. Die folgenden Kontertechniken sind auch dann ebenso gut geeignet, wenn der eigentliche Angriff mit Tsuki geführt werden soll, der Gegner aber zur Eröffnung eine Fußtechnik macht. Wir bewegen uns dabei nämlich so, daß er nach der Beintechnik uns nicht gleich mit einer Armtechnik angreifen kann.

Abb. 231

Abb. 232

### a) *Mae-Geri, Kata-Uke, Gyaku-Zuki* (Abb. 231—233)

Links zur Seite und etwas vor, mit dem Aufsetzen des linken Beines scharfe Hüftdrehung, so daß der Fuß passiert und uns nicht schadet, selbst wenn er trifft. Gleichzeitig wird mit der Hüftdrehung unser Unterarmrücken nach innen gestoßen und wirft den Gegner aus der Balance. Auf diese Weise kommen wir seitlich neben den Gegner (Abb. 232). Mit dem Eindrehen der Hüfte wieder *Gyaku-Tsuki* (Abb. 233).

Abb. 233

Wie wichtig das Drehen der Hüfte im Kampf ist, zeigt folgendes Beispiel: In Abb. 234 siehst Du einen Angriff mit *Mae-Geri*, der den Körper des Angegriffenen trifft und zwar im rechten Winkel. Auf diese Weise wird die ganze ankommende Energie im Körper verarbeitet; der Getroffene wird verletzt. In Abb. 235 hat der Angegriffene nur seine Hüfte scharf gedreht und das Körpergewicht etwas nach vorn verlagert. Der Fußangriff fegt vorbei, ohne Schaden anzurichten. Selbst wenn unser Körper dabei getroffen würde, geschieht uns nichts, da die Kraftrichtung nicht in den Körper zeigt und dadurch keine inneren Verletzungen die Folge sein können.

Meister Toyama zeigt im *Jiyu-Kumite* dieses Drehen aus der Hüfte sehr elegant und geschmeidig.

Abb. 234

Abb. 235

## b) *Nagashi-Tsuki*

Aus diesem Hüftdrehen, das den Angriff passieren läßt, wurde der *Nagashi-Tsuki* entwickelt (bitte nachlesen). Bei ihm wird das Wegdrehen des ganzen Körpers aus der Hüfte noch stärker durch das Wegsetzen des hinteren Beines. Außerdem kommt noch ein weiteres Prinzip hinzu: Im Moment des Einrastens der gegnerischen Fußtechnik ist unser Körper nicht mehr dort, wohin der Angreifer zielte.

Wir bewegen uns auf den Gegner zu. Es ist wie wenn wir einen Gegner, der mit dem Stock nach uns schlägt, unterlaufen. Die Geschwindigkeit und damit die Gefährlichkeit ist ganz außen am größten. Beim *Nagashi-Tsuki* kommen wir durch den Gleitschritt mit dem vorderen Bein auf den Gegner zu aus der Gefahrenzone und lassen dabei durch das Wegdrehen der Hüfte und das Zurücksetzen des hinteren Beines den Angriff passieren (siehe Abb. 236), das hintere Bein ist noch in Bewegung. Gleichzeitig erfolgt unser Gegenangriff mit *Tsuki*.

Abb. 236

Das Hineingehen in den Angriff zeigen auch sehr schön Abb. 237 und Abb. 238. Dabei wird durch den Schwung des Hineingehens der Angreifer über sein Standbein geworfen. Zur Sicherheit kannst Du auch beim Kontern von *Mae-Geri* in Verbindung mit dem Wegdrehen der Hüfte links *Gedan-Barai* machen (Abb. 239 und 240).

Abb. 237 · 238

Abb. 239 · 240

Abb. 241

Abb. 242

Abb. 243

Beim Auswerten von Filmmaterial über eine große japanische Meisterschaft zeigte sich hinsichtlich der Angriffstechniken, daß etwa 30 Prozent aller Angriffe mit *Kizami-Tsuki/Gyaku-Tsuki* vorgetragen wurden. Weitere 30 Prozent entfielen auf Kombinationen *Kizami-Tsuki/Mae-Geri*. Alle anderen Angriffe waren Einzelfälle (außer einigen direkten Angriffen mit *Mae-Geri*).

In der Kontertechnik wurde in 55 Prozent aller Fälle nur zurückgewichen (ohne Abwehr). Bei 15 Prozent der Verteidigungsaktionen wurde abwehrend zurückgegangen. 30 Prozent der Angriffe aber wurden geblockt und gleichzeitig der ganze Körper vorgeworfen zum Gegenangriff mit *Gyaku-Tsuki*. Diese 30 Prozent sollen uns hier interessieren:

c) *Mae-Geri/Gedan-Barai/Gyaku-Tsuki*

Der Fußangriff wird von innen mit *Gedan-Barai* abgewehrt. Der Gegenangriff mit *Gyaku-Tsuki* erfolgt sofort, solange das Angriffsbein des Gegners noch in der Luft ist. So bewegt er sich auch noch auf uns zu, und beide Geschwindigkeiten addieren sich und machen den Gegenangriff höchst wirksam. Außerdem ist unser Gegner, solange er sein Bein noch in der Luft hat, in seinem Gleichgewicht gestört; er kann unseren Gegenangriff nicht abwehren. Hat er aber sein Bein wieder abgesetzt, kann er unmittelbar darauf eine starke Abwehr führen. Für die Kontertechniken gegen Beinangriffe gilt also:

Gegenangriff solange sein Angriffsbein noch in der Luft ist! Also beim Blocken des Angriffs stehenbleiben, möglichst nicht zurückweichen (höchstens Schwerpunkt verlagern) und zum nachfolgenden *Gyaku-Tsuki* den ganzen Körper vorwerfen.

Abb. 244 · 245

d) Abwehr von außen:
Der Fußangriff wird hier von außen nach innen weggefegt, wobei wir links vor in den Angriff etwas hineingehen und dabei die Hüfte wegdrehen (Abb. 244). (Vergleiche auch mit S. 87.) Auch hier zum Gegenangriff das Körpergewicht weit nach vorne werfen, und die Hüfte ganz eindrehen zum *Gyaku-Tsuki*, bevor der Gegner sein Angriffsbein absetzen kann (Abb. 245).

e) Zum Abschluß noch eine Kontertechnik gegen *Mae-Geri*. Hier stehen wir in Rechtsvorwärtsstellung und machen die Abwehr auch von außen. Im Gegensatz zu der Abwehr bei a) wird hier mit dem hinteren Bein seitlich nach hinten gerückt (Abb. 246), gleichzeitig rechts *Gedan-Barai*, verbunden mit starkem Abdrehen der Hüfte und Gewichtsverlagerung nach links (Abb. 247). Unmittelbar darauf wieder Eindrehen der Hüfte und Durchstrecken des linken Beines mit *Gyaku-Tsuki*. In Abb. 248 sehen wir die Vorbereitung zum Gegenangriff.

Abb. 246

Abb. 247

Abb. 248

## 2. Kontertechniken gegen Faustangriffe

Auch hier gilt der Grundsatz, möglichst von der Außenseite abzuwehren und, verbunden mit Hüftdrehung und Körperbewegung, seitlich neben (oder hinter) den Gegner zu kommen, um von dort den Gegenangriff zu führen. Hier ist es besonders wichtig, möglichst gleichzeitig den Gegenangriff zu führen. Besser ist es, sofort mit der Abwehr den Gegenangriff zu führen, da der Gegner durch seinen Angriff eine Blöße bietet, die sofort ausgenützt werden muß. Dazu dürfen wir bei der Abwehr aber nicht zurückgehen, sondern müssen stehenbleiben oder sogar in den Angriff hineingehen. Hier nun einige Beispiele:

a) *Age-Uke* und gleichzeitig *Gyaku-Tsuki* (Abb. 249)

Diese gleichzeitige Abwehr verbunden mit dem Gegenangriff muß gut geübt werden, links und rechts. Abwehr und Gegenangriff müssen gleich stark sein.

b) Hineingehen in den gegnerischen Angriff mit Abwehr von innen und gleichzeitigem *Gyaku-Tsuki*.

Abb. 249

Abb. 250

Der Gegner möchte beispielsweise angreifen mit *Kizami-Tsuki/Gyaku-Tsuki* oder *Kizami-Tsuki/Mae-Geri* (Abb. 250). Mit dem Blocken in den Angriff hineingehen und *Gyaku-Tsuki*. Zusammenprall beider Bewegungen. Viel üben!

Abb. 251

Abb. 252

Bei *Kake-Uke* wird der blockende Arm mit der Faustfläche zum linken Ohr genommen. Dadurch wird der angreifende Arm mit dem Unterarmrücken in der Bewegungsrichtung abgelenkt, diese Abwehr kommt in der *Kata Tekki* Nr. 1 vor. In Abb. 252 haben wir links mit *Kake-Uke* abgewehrt und gleichzeitig mit *Gyaku-Tsuki* gekontert.

Allen diesen Kontertechniken gegen Faustangriffe ist gemeinsam, daß wir abwehrend in den Angriff hineingehen und *dabei* den Gegenangriff führen. Nur so ist es dem Angreifer unmöglich, unseren Gegenangriff zu verhindern (Zusammenprall beider Bewegungen!).

### 3. Kontertechniken gegen Ashi-Barai

Eine wirksame Angriffseröffnung ist der Angriff mit Fußfegen. Die einfachste Verteidigung ist, das angegriffene Bein wegzuziehen (Abb. 253). Kommt der Gegner durch seinen Angriff etwas vor, so können wir nun sofort mit *Yoko-Geri* kontern. Fegt der Gegner nicht stark genug und steht er dabei mit dem Oberkörper

Abb. 253

Abb. 254

Abb. 255

Abb. 256

Abb. 257

zu nahe, so können wir sofort mit *Jodan-Kizami-Tsuki* kontern. Haben wir aber das vordere Bein belastet und der Gegner fegt es uns trotzdem kraftvoll weg, so müßten wir fallen. Wenn wir aber das angegriffene Bein sofort über sein fegendes Bein heben und auf ihn zu abstellen, so können wir ihn durch die Wucht unseres nun auf ihn zu »fallenden« Körpers aus dem Gleichgewicht werfen (Abb. 254) und evtl. sofort mit *Tsuki* folgern.
Gelingt es ihm, unser vorderes Bein etwas zu fegen aber nicht so stark, daß wir fallen müßten, so setzen wir es soweit zur Seite, wie er es fegt (Abb. 255 und Abb. 256), und drehen auf diesem Bein blitzschnell mit *Ushiro-Geri* (Abb. 257).

## Schlußbetrachtung zur Kampftaktik im freien Kampf

Dem einen Karateka liegt mehr eine offensive Kampfesweise, dem anderen mehr eine abwartende Kampftaktik. Aus diesem Grund wird sich der eine mehr den Angriffskombinationen zuwenden, der andere mehr den Kontertechniken. Es ist aber auch für den mehr abwartend kämpfenden Karateka eine Notwendigkeit, sich mit den Angriffskombinationen zu beschäftigen: Man stelle sich nur einen »Kampf« zwischen zwei Karateka vor, die nur abwartend kämpfen und sich nur auf Kontertechniken verlassen!

# Die Kata

Die sogenannten *Kata* sind aus einer Anzahl von Abwehren und Gegenangriffen zusammengesetzt, die sich gegen vier bis acht imaginäre Angreifer richten, welche aus den verschiedensten Richtungen und auf vielerlei Weise angreifen. Sie enthalten die verschiedenen Arm- und Beintechniken in Abwehr und Angriff aus Wendungen, Drehungen und Sprüngen heraus. Bevor in den 30er Jahren die Möglichkeit zum gefahrlosen Wettkampf geschaffen wurde, stellten die Kata die Höchstform im *Karate* dar. Sie wurden äußerst wirklichkeitsnah demonstriert, der Karateka »sah« seine Angreifer wirklich, deren Angriffe er abwehren mußte und gegen die er seine harten, genau gezielten Gegenangriffe führte.

Die meisten *Kata* wurden von alten Karatemeistern vor langer Zeit geschaffen. Aus ihnen entwickelte sich das moderne *Karate* und sie stellen auch heute noch praktisch das Wörterbuch des *Karate* dar.

Es gibt ungefähr 50 *Kata*. Manche davon sind sehr alt, andere wiederum sind jüngeren Datums. Es gibt sehr einfache, aber auch überaus komplizierte; einige, die katzenhafte Gewandtheit verlangen und solche, die ausgesprochen Kraft- und Atemübungen darstellen.

*Kata* kann man überall dort, wo genügend Platz vorhanden ist, alleine üben. Durch die Vielfalt der Techniken, die aus jeder denkbaren Situation heraus angewandt werden, stellen sie eine äußerst wertvolle Übung dar. Sie sind auch aus dem modernen *Karate*, das mehr auf den Wettkampf ausgerichtet ist, nicht wegzudenken: In den *Kata* müssen alle Grundtechniken in sauberer, exakter und kraftvoller Form aus der Bewegung heraus angewandt werden, eine Übung, die auch im Hinblick auf den freien Kampf sehr wertvoll ist.

»Kata ist die Grammatik, der freie Kampf der Aufsatz«

Da die *Kata* meist so aufgebaut sind, daß mehrere Gegner auf verschiedene Weise und aus verschiedenen Richtungen angreifen, stellen sie durch die Vielfalt der Angriffssituationen auch eine gute Übung für die Selbstverteidigung dar.

**Übungshinweise**

*Kata* ist immer eine organische Ganzheit und muß als solche gelehrt und vorgeführt werden. Der Zusammenhang zwischen Abwehr und Gegenangriff muß da sein. Du mußt Deine Gegner und ihre Angriffe wirklich sehen, um Kata wirklichkeitsnah zeigen zu können. Viele betrachten die *Kata* nur als eine Aneinanderreihung von möglichst exakten Techniken und führen sie auch so vor. Auf diese Weise »lebt« die *Kata* aber nicht, sie bringt im Inneren des Zuschauers nichts zum Mitschwingen, nötigt ihm höchstens Anerkennung für die Perfektion der Techniken ab.

Jede *Kata* hat einen dynamischen Rhythmus, hat Steigerungen und auch langsamere Stellen. Voraussetzung dafür, daß Du *Kata* wirklichkeitsnah zeigen kannst, ist natürlich zuerst die Sicherheit im Bewegungsablauf. Erst wenn Du bei den einzelnen Aktionen nicht mehr viel denken mußt, wird Dein Geist frei für das, was in der wahren *Kata* zum Ausdruck kommen soll. Übe deshalb auch schon als Anfänger *Kata.* Mit dem Ausfeilen Deiner Grundtechniken werden diese kraftvoller und exakter, gleichzeitig geht Dir der Bewegungsablauf schon in Fleisch und Blut über. Bleibe aber dann hier nicht stehen, sondern bringe jetzt Leben in die *Kata.* Stelle Dir die Angreifer wirklich vor, wie sie hart und schnell angreifen. Dazu gehört auch, daß in der Kata der jeweilige imaginäre Angreifer angeschaut wird (Blickrichtung). Dazu gehört weiter, daß Du weißt, was jede Bewegung der Kata in der Anwendung bedeutet. Mache Dir jede Bewegung klar, es gibt oft verschiedene Deutungsmöglichkeiten. Erst wenn Du weißt, was Du tust, kann Deine *Kata* wirklichkeitsnah und damit lebendig werden.

Allen *Kata* gemeinsam ist weiterhin, daß Ausgangspunkt (Abb. 258) und Endpunkt zusammenfallen müssen. Der Verlauf jeder *Kata* ist, wie oben schon bemerkt, genau festgelegt. Für jede *Kata* kann ein Schrittdiagramm aufgestellt werden. Manche *Kata* werden auf einer Linie vorgeführt, andere Diagramme sehen wie ein H oder ein T aus oder bilden komplizierte Figuren. (Weitere Hinweise zur *Kata* auch im Grundlehrbuch).

In diesem Buch möchte ich die fünf sogenannten *Heian-Kata* beschreiben. Diese fünf *Kata* enthalten alle Techniken des modernen *Karate.* Sie werden aus diesem Grund bei den *Karate-Kyu* (= Schüler)-Prüfungen verlangt. (Früher wurden sie mit dem chinesischen Namen *Ping-an* bezeichnet, wahrscheinlich nach dem Meister, von dem sie stammen.) Gichin Funakoshi änderte sie um 1920 in die heutige Form.

Außerdem ist noch die *Kata Tekki* Nr. 1 (*Nai hanchi*) dargestellt, so daß wir in diesem Buch die *Kata* für das gesamte Prüfungsprogramm bis zum schwarzen Meistergürtel haben.

## Heian Shodan (Nr. 1)

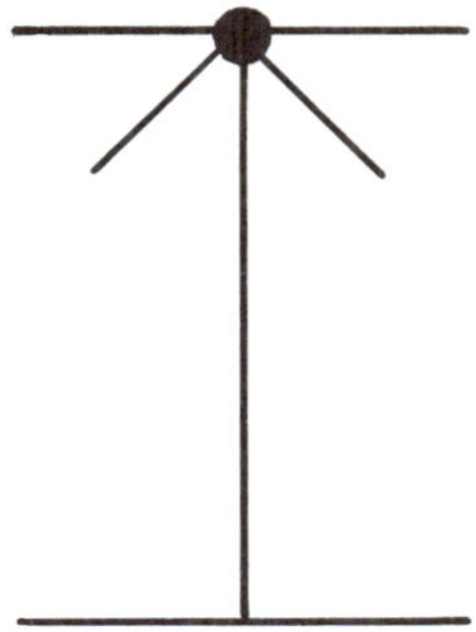

1. *Gedan-Barai* nach links (Abwehr eines Fußangriffes) (Abb. 259).
2. Vorgehen mit *Oi-zuki* (Gegenangriff) (Abb. 260).
3. Wendung um 180 Grad mit Schritt (linkes Bein ist Drehpunkt) mit *Gedan-Barai* (Abb. 261).
4. Nun wird das vordere Bein zurückgenommen zu einer natürlichen Rechtsvorwärtsstellung. Gleichzeitig wird die rechte Faust im Kreisbogen am linken Ohr vorbeigeschwungen und mit der Kleinfingerseite nach unten geschmettert. (Der Gegner hat nach *Gedan-Barai* links unser Handgelenk umfaßt; durch den Rückwärtsschritt, verbunden mit der kreisförmigen Bewegung, ziehen wir den Gegner auf uns zu aus dem Gleichgewicht, befreien dabei unsere Hand und schmettern ihm die Faust mit *Tettsui-Uchi* auf den Kopf.) Andere Deutung des *Tettsui-Uchi*: Zum Blockieren eines nachfolgenden Faustangriffs (Abb. 262).
5. Jetzt links vor mit *Oi-zuki* (Abb. 263).
6. Wendung um 90 Grad mit *Gedan-Barai* (Abb. 264).
7. Vorgehen in *Zenkutsu-Dachi* mit *Age-Uke*. Dabei wird sofort bei Beginn der Vorwärtsbewegung der linke Arm mit offener Handfläche hochgeführt (*Age-Uke*) (Abb. 265). Jetzt vorgehen mit *Age-Uke*, wobei die linke Hand zur Hüfte geführt wird (Abb. 266). (Deutungsmöglichkeit: Die linke Hand faßt den Arm des Angreifers und zieht ihn auf uns zu. Der rechte hochsteigende Unterarm trifft dann den gegnerischen Arm am Ellbogengelenk und bricht ihn dadurch.)
8. und 9. Links und dann rechts vorgehen mit *Age-Uke* (Abb. 267 und 268). (Dabei jedesmal mit Beginn des neuen Schrittes die Faust öffnen). Bei 9. (Abb. 268) wird der *KIAI* (Kampfschrei) ausgestoßen. Hier also stärkste Abwehr in Verbindung mit dem stoßartigen Ausatmen beim *KIAI*. Kurzes Verharren.
10. 90°-Wendung auf dem rechten Fuß mit *Gedan-Barai* (Abb. 269) (Abwehr) und sofort
11. rechts vorwärts Gegenangriff mit *Oi-zuki* (Abb. 270).

12. Wendung um 180° auf dem linken Fuß, mit Schritt und *Gedan-Barai* rechts (Abb. 271) und sofort

13. *Oi-zuki* im Vorgehen links (Abb. 272).

14. Jetzt 90°-Wendung auf dem linken Bein mit *Gedan-Barai* (Abb. 273), dann

15. bis 17. dreimaliges Vorrücken mit *Oi-zuki* (Abb. 274—276). Beim dritten *Oi-zuki* (Abb. 276) stärksten Angriff mit *KIAI*. Kurzes Verharren, dann

18. 90°-Wendung auf dem rechten Bein zu *Kokutsu-Dachi* mit *Shuto-Uke* (Abb. 277). (Hinweis für diese Wendung: Lasse das Standbein stark gebeugt, taste mit dem Fußballen des linken Beines voraus und drehe dann den Körper als Einheit ein zu *Kokutsu-Dachi* mit *Shuto-Uke*. So kannst Du aus der Wendung kräftig mit *Shuto-Uke* schlagen. Außerdem stehst Du sofort ohne Gleichgewichtsschwierigkeiten in einer tiefen *Kokutsu-Dachi*. Halte Dich bei allen Wendungen aufrecht — Kraft im *Hara* —, sonst kommst Du bei schnellen Wendungen aus dem Gleichgewicht.)

19. Mit rechtem Bein im Winkel von 45 Grad vorrücken (Abb. 278) mit *Shuto-Uke* in *Kokutsu-Dachi* (kann auch als Gegenangriff *Shuto-Uchi* gedeutet werden)

20. Jetzt 135°-Wendung nach rechts mit *Shuto-Uke* (Abb. 279).

21. links vor (45 Grad) mit *Shuto-Uke* (Abb. 280). Kurzes Verharren in der Endstellung. Dann ruhig und entspannt linkes Bein zurücknehmen zur Ausgangsstellung (Abb. 281). (Einatmung dabei.)

Abb. 258

Abb. 259

Abb. 260

Abb. 261

Abb. 262

Abb. 263

Abb. 264

Abb. 265

Abb. 266

Ab. 267

Abb. 268

Abb 269

Abb. 270

Abb. 271 · 272

Abb. 273
274

Abb. 275
276

Abb. 277

Abb. 278

Abb. 279

Abb. 280

Abb. 281

# Heian Nidan (Nr. 2)

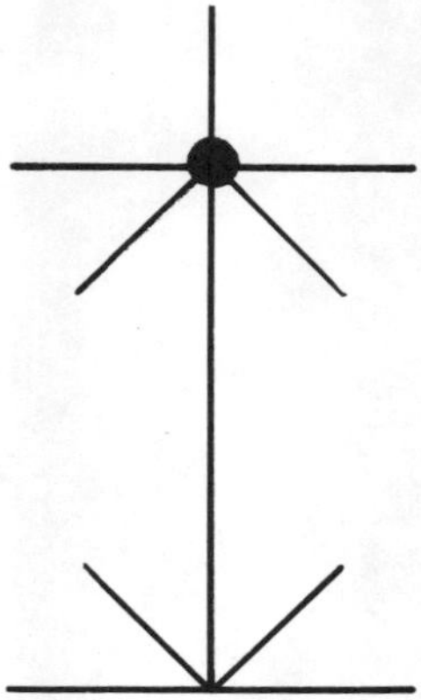

1. Linkes Bein nach links schieben zu *Kokutsu-Dachi* und gleichzeitiger Abwehr eines Faustangriffes von links (Abb. 282—284).
2. Für diese Bewegung (Abb. 285) verschiedene Deutungsmöglichkeiten: Die linke Faust wird wieder schwungvoll so zurückgenommen, daß sie mit der Faustfläche zum Ohr zeigt. Erste Bedeutung: Abwehr eines zweiten Faustangriffs, den der Gegner jetzt mit der linken Faust führt. Die Bewegung unseres linken Armes wäre dann eine Art *Soto-Ude-Uke* von innen. Gleichzeitig stößt unsere rechte Faust mit *Ura-Tsuki* zum Gegner. Zweite Deutungsmöglichkeit: Der Faustangriff des Gegners wird auch mit dem linken Arm abgewehrt, der rechte Arm schlägt aber von außen gegen das Ellbogengelenk des gegnerischen Armes, so daß sein Arm gebrochen würde.
3. Jetzt *Tettsui-Uchi* zum Solar Plexus (Abb. 286).
4. bis 6. Dasselbe nach der anderen Seite (Abb. 287—289).
7. Jetzt wird das linke Bein einen halben Schritt herangezogen, gleichzeitig Blickwendung nach rechts, dabei legt sich die rechte Faust auf die linke (Abb. 290). Jetzt wird das rechte entlastete Bein angehoben (Abb. 291) und
8. *Yoko-Geri-ke-age* (hier von der Seite gesehen) mit gleichzeitigem *Uraken-Uchi* (Deutung: Mit *Uraken* wird ein Faustangriff zur Seite geschlagen, gleichzeitiger Gegenangriff mit *Yoko-Geri* (Abb. 292).
9. Absetzen des stoßenden Beines zu *Kokutsu-Dachi* mit *Shuto-Uke*, dabei Blick- und Körperwendung um 180 Grad (Abb. 293).
10. und 11. Rechts, dann links vorgehen in *Kokutsu-Dachi* mit *Shuto-Uke* (Abb. 294 und 295) und
12. rechts vor in *Zenkutsu-Dachi* mit *Tate-Nukite* (stoßende Hand senkrecht = *tate*) zum Solar-Plexus mit *KIAI*. (Dabei wird der Handrücken der linken Hand unter den Ellbogen des stoßenden Armes gelegt) (Abb. 296).
13. bis 16. (Abb. 297—300) ist gleich wie 18. bis 21. in *Heian* Nr. 1.

17. Das linke Bein wird mit dem Fußballen voraus nach links gesetzt, dabei werden beide Arme zur Seite gestreckt (Abb. 301), der rechte Arm wird dann unter der linken Achselhöhle durchgeschwungen (Abb. 302), so daß mit der Vollendung der Beinbewegung und Verlagerung des Körpergewichts (von *Kokutsu-* zu *Zenkutsu-Dachi*) das »Einrasten« der Abwehr *Uchi-Ude-Uke* rechts zusammenfällt. Dabei wird die rechte Hüfte nach vorn gedreht (Abb. 303).
18. Vorgehen mit *Mae-Geri* rechts (Abb. 304).
19. Absetzen zu *Zenkutsu-Dachi* mit *Gyaku-Zuki* (Abb. 305).
20. Unmittelbar darauf holt der stoßende Arm über der rechten Schulter aus zum *Uchi-Ude-Uke* links, dabei wieder starkes Gegendrehen der Hüfte (Abb. 306). (Beim Ausholen zum *Uchi-Ude-Uke* bleibt entweder die rechte Faust an der Hüfte und der linke Arm holt über der rechten Schulter aus oder aber der rechte Arm wird grundschulmäßig nach vorn gestreckt und die linke Faust wird unter der rechten Achselhöhle durchgeschwungen.)
21. Jetzt *Mae-geri* links (Abb. 307).
22. Mit dem Absetzen *Gyaku-zuki* rechts (Abb. 308), dann ohne Pause *Zenkutsu-Dachi* rechts vor
23. mit *Morote-Uraken-Uchi* (Angriff) oder *Morote-Uke* (Abwehr) (Abb. 309).
24. Jetzt 90-Grad-Wendung auf rechtem Bein mit *Gedan-Barai* (Abb. 310),
25. linken Arm mit gestreckter Hand hochführen (Abb. 311) und Schritt 45 Grad rechts vorwärts in *Zenkutsu-Dachi* mit *Age-Uke* (Abb. 312).
26. 135-Grad-Wendung auf linkem Bein mit *Gedan-Barai* (Abb. 313).
27. 45 Grad links vor mit *Age-Uke* (*KIAI*) (Abb. 314). Kurzes Verharren, dann linkes Bein zurücknehmen zu *Hachiji-Dachi* (Abb. 315).

In der *Heian Ni dan* kommt die schwierige Handkantenabwehr *Shuto-Uke* aus *Kokutsu-Dachi* nicht weniger als siebenmal vor. Sehr schwierig ist auch 7. und 8., der *Yoko-Geri* mit gleichzeitigem *Uraken-Uchi*. Dabei sollen Arm und Bein möglichst parallel sein, die andere Faust bleibt an der Hüfte.

Die Gegendrehung der Hüfte bei den Abwehren *Uchi-Ude-Uke* in der *Gyaku-*Form (Abb. 303 und 306) muß deutlich sichtbar sein.

Abb. 282

Abb. 283

Abb. 284

Abb. 285 · 286

Abb. 289

Abb. 288

Abb. 287

Abb. 292

Abb. 291

Abb. 290

Abb. 293 · 294 · 295

Abb. 296

Abb. 297

Abb. 298

Abb. 299

Abb. 300

Abb. 301

Abb. 302

Abb. 303

Abb. 306

Abb. 305

Abb. 304

Abb. 309

Abb. 308

Abb. 307

Abb. 310

Abb. 311

Abb. 312

Abb. 313

Abb. 314

Abb. 315

## Heian San dan (Nr. 3)

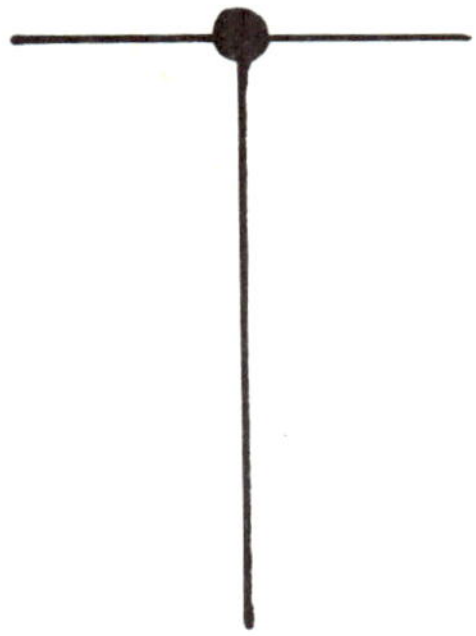

1. Linkes Bein zur Seite schieben zu Konkutsu-Dachi mit *Uchi-Ude-Uke* (Abb. 316 und 317).
2. Rechtes Bein ranziehen zu *Heisoku-Dachi* (Füße geschlossen), dann gleichzeitig *Uchi-Ude-Uke* und *Gedan-Barai.* Dazu einen methodischen Hinweis: Mit dem Heranziehen des rechten Beines strecken wir unseren rechten Arm nach vorn und bringen beide Arme so zusammen, daß der Ellbogen des linken Armes in das Ellbogengelenk des des rechten Armes gelegt wird (Abb. 318). Jetzt sofort ohne Unterbrechung mit diesem Berührungspunkt als Drehpunkt *Uchi-Ude-Uke* mit dem rechten Arm und *Gedan-Barai* links (Abb. 319).
3. Dasselbe jetzt umgekehrt (Abb. 320).
4. Wendung um 180 Grad. Das rechte Bein wird vorgeschoben zu *Kokutsu-Dachi* mit *Uchi-Ude-Uke* (Abb. 321).
5. und 6. entspricht 2. und 3. (Abb. 322 und 323).
7. Jetzt 90-Grad-Wendung nach links, das linke Bein schiebt sich vor zu *Kokutsu-Dachi* mit *Morote-Uke* (Abb. 324).
8. Schritt rechts vor in *Zenkutsu-Dachi* mit *Nukite* (wie bei *Heian* Nr. 2) (Abb. 325).
9. (Abb. 326–328) Deutung dieser Bewegung: Unser Gegner hat unseren stoßenden Arm am Handgelenk erfaßt und zieht zurückgehend daran. Wir beugen uns nachgebend nach vorn, drehen dabei unsere Hand mit der Handfläche nach oben (Abb. 326). Während wir jetzt das linke Bein dicht am Standbein vorbeiziehen, drehen wir unsere erfaßte Hand auf den Rücken und entwinden sie so aus dem Griff des Gegners (Abb. 327). Jetzt setzen wir das linke Bein auf den Gegner zu in *Kiba-Dachi* auf und schmettern ihm gleichzeitig aus der Drehung heraus die Faust auf den Solar-Plexus (*Tettsui-Uchi*) (Abb. 328).
10. Anschließend wird mit *Oi-zuki* rechts vorgegangen (*KIAI*) (Abb. 329).
11. Das linke Bein wird herangezogen zu *Heisoku-Dachi,* dabei dreht der Körper

um 180 Grad und die Fäuste werden in die Seite gestemmt (Abb. 330). Es geht jetzt in Blickrichtung wieder zum Ausgangspunkt zurück.

12. bis 21. (Abb. 331—341) ist aber von der Seite aufgenommen, damit man die Techniken besser sieht.

12. Abwehr eines rechten Faustangriffs mit *Mikatsuki-Geri-Uke* von innen (Abb. 331).
13. Absetzen des Beines mit *Fumi-Komi* (Stampftritt) in das Kniegelenk des Gegners, gleichzeitig wird ein weiterer Faustangriff mit *Kata-Uke* abgewehrt (der angreifende Arm wird mit dem Oberarm nach innen abgewehrt) (Abb. 332).
14. *Uraken-Uchi* rechts zum Kopf des Gegners mit sofortigem Zurückschnappen der Faust zur Hüfte (Abb. 333).
15. bis 17. und 18. bis 20. ist dasselbe (Abb. 334—339).
21. Jetzt wird die linke Faust in die Ausgangsstellung für Fauststöße gedreht, gleichzeitig strecken wir die rechte Handfläche bei entspanntem Arm nach vorn (Abb. 340) und machen auf die gleiche Zeit *Oi-zuki* links vor (Abb. 341). (Bei den nächsten Aufnahmen begibt sich der Fotograf wieder genau hinter den Ausführenden.)
22. Das rechte Bein wird im Kreisbogen auf die Höhe des vorderen Beines gesetzt (Abb. 342). Jetzt mit dem rechten Bein als Drehpunkt Wendung um 90 Grad zu *Kiba-Dachi* und aus der Wendung Ellbogenstoß links nach hinten und gleichzeitig Fauststoß (*Tate-zuki*) zum Gesicht des hinter uns stehenden Gegners, der uns über den Armen umklammern möchte (Abb. 343).
23. Sofort anschließend in *Kiba-Dachi* nach rechts gleiten und Ellbogenstoß und Fauststoß zur anderen Seite mit *KIAI* (Abb. 344). Nach kurzem Verharren in der Endstellung (angespannt), gelöst Ausgangsstellung einnehmen (das rechte Bein wird herangezogen). Dabei wieder einatmen (entspannen).

Abb. 316 · 317

Abb. 318 · 319 · 320

Abb. 324

Abb. 323

Abb. 322

Abb. 321

Abb. 325

Abb. 326

Abb. 327

Abb. 328

Abb. 329

Abb. 330 · 331

Abb. 333

Abb. 332

Abb. 335

Abb. 334

Abb. 337

Abb. 336

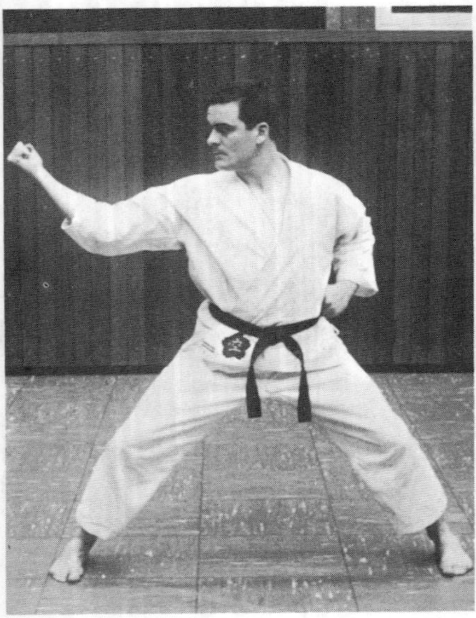

Abb. 339

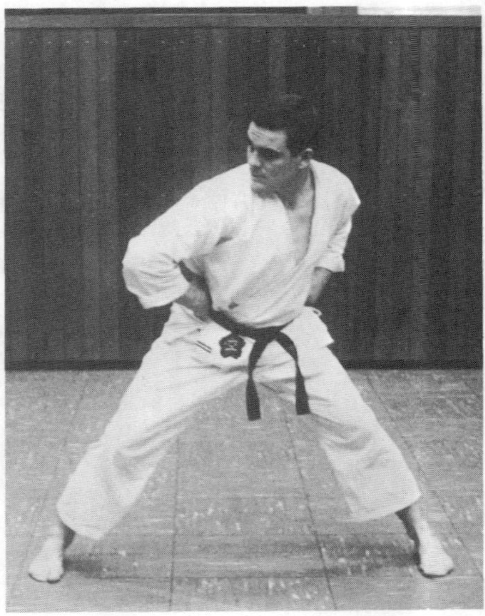

Abb. 338

Abb. 341

Abb. 340

Abb. 344

Abb. 343

Abb. 342

## Heian Yo dan (Nr. 4)

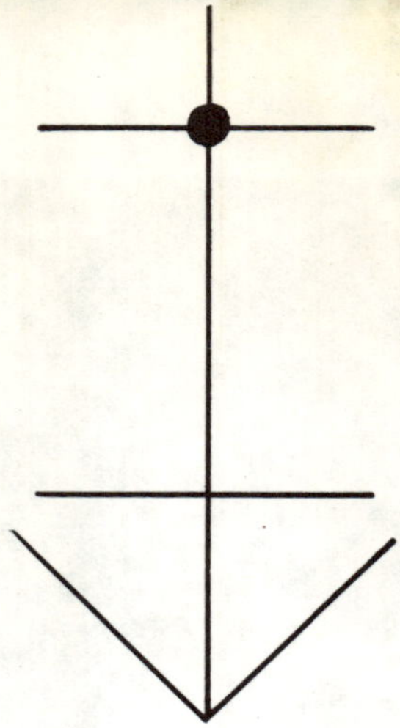

1. Abwehr ähnlich wie bei *Heian* Nr. 2 nur mit offenen Händen (Abb. 345–347). Weiterer Unterschied: Bei *Heian* 2 wird diese Abwehr schnell hochgerissen. Hier aber werden die Hände langsam hochgeführt (in etwa 5 Sekunden). Auch die Spannung wird dabei gesteigert, so daß wir in der Endstellung von 1. in höchster Spannung stehen.
2. Wendung auf der Stelle und dasselbe (Abb. 348).
3. Linkes Bein ranholen (Abb. 349), 90-Grad-Wendung mit großem Schritt in *Zenkutsu-Dachi* nach vorne, die Hände holen dabei von rechts hinten aus zu *Gedan-Juji-Uke* (Abwehr eines Fußangriffes im Anfangsstadium. Rechte Faust über der linken, beide Fäuste senkrecht) (Abb. 350).
4. Schritt rechts vor in *Kokutsu-Dachi* mit *Morote-Uke* (Abb. 351).
5. Blickwendung nach links, linkes Bein ranziehen (Abb. 352). *Yoko-Geri* und *Uraken* wie bei *Heian Ni dan* 8. (Abb. 353).
6. Stoßenden Fuß zum Knie des Standbeines zurückschnappen lassen, dann absetzen zu *Zenkutsu-Dachi* mit *Gyaku-Empi-Uchi* (der rechte Ellbogen wird aus der Hüfte nach vorne geschlagen). In der *Kata* wird das so angedeutet, daß der ganze Unterarmrücken bei senkrecht stehender Faust gegen die Handfläche und Unterarminnenseite des linken Armes geschlagen wird (Abb. 354).
7. und 8. Blickwendung nach rechts, rechtes Bein anziehen und dasselbe nach rechts (Abb. 355–357).
9. Blickwendung 90 Grad nach links, gleichzeitig *Gedan-Barai* mit linker Handkante und *Age-Uke* mit rechter Handkante (Gegner greift rechts mit Bein und gleichzeitig links mit Faust zum Gesicht an (Abb. 358). Auf die gleiche Zeit schnelles und kraftvolles Verlagern des Körperschwerpunktes vom rechten auf das linke Bein durch das energische Durchstrecken des rechten Beines. Dabei aus der Hüftdrehung heraus Handkantenschlag rechts und *Age-Uke* links

(Abb. 359). Bedeutung: Der Gegner, der rechts mit dem Bein und links mit der Faust angegriffen hat, greift jetzt nach unserer Abwehr mit dem Aufsetzen seines Stoßbeines unser Gesicht mit Fauststoß rechts an, den wir links mit *Age-Uke* abwehren und gleichzeitig rechts mit *Shuto-Uchi* den Gegenangriff gegen die Halsschlagader (Schläfe) führen. Das muß alles auf eine Zeit durchgeführt werden.

10. Genau in die gleiche Richtung (gegen den gleichen Gegner) jetzt *Mae-Geri* rechts (Abb. 360) und

11. mit dem Absetzen des Stoßbeines sich aus dem gebeugten Standbein weit vorschieben, die linke Hand greift den Arm des Gegners und zieht ihn auf uns zu, die rechte Faust holt über der linken Schulter (oder dem Kopf) aus (Abb. 361) zum *Uraken-Uchi* zum Kinn oder Solar-Plexus (Abb. 362). Andere Deutung für die Bewegung der linken Hand: Sie preßt einen Faustangriff nieder (*Osae-Uke*). Dabei wird beim Aufsetzen des rechten Beines das linke Bein mit dem Fußballen hinter das rechte gehakt (*Kake-Dachi*), gleichzeitig *KIAI*. Kurzes Verharren, dann

12. linkes Bein um 45 Grad zur bisherigen Richtung zur Seite setzen und Keilblock (*Kakiwake-Uke*) (gegen einen Gegner, der unserere Kleidung mit beiden Händen fassen will oder mit *Morote-zuki* angreift). Dabei werden die am Handgelenk überkreuzten Arme in Kinnhöhe vor dem Gesicht gehalten (Handflächen zeigen zum Gesicht, rechte Faust ist oben) und dann abwärts auseinandergeführt (Keilwirkung) zu der in Abb. 363 und Abb. 367 gezeigten Haltung: Arme gebeugt, die Ellbogen dürfen nicht seitlich zum Körper hinausschauen.

13. Vorgehen mit *Mae-Geri* rechts (Abb. 364) und beim Absetzen in die gleiche Richtung

14. *Oi-zuki* (Abb. 365) und sofort

15. *Gyaku-zuki* (Abb. 366). Dabei wird beim *Oi-zuki* die stoßende Hand vorher nicht zur Hüfte genommen.

16. Auf dem linken Bein Wendung nach rechts um 90 Grad (und damit wieder 45 Grad zur ursprünglichen Richtung) (Abb. 367).

17. bis 19. entspricht 13. bis 15. (Abb. 368 und 369) *Gyaku-zuki* ohne Bild.

20. Das vordere (linke) Bein wird jetzt wieder um 45 Grad auf die Linie der ursprünglichen Angriffsrichtung zurückgesetzt zu *Kokutsu-Dachi* mit *Morote-Uke* (Abb. 370).

21. und 22. Vorgehen rechts, links mit *Morote-Uke* (Abb. 371 und 372).

23. Körpergewicht vorwerfen zu *Zenkutsu-Dachi* (vorderes Bein um eine Schulterbreite zur Seite setzen) dabei ergreifen wir mit beiden Händen den Kopf des Gegners (Fingerspitzen auf dem Hinterkopf) (Abb. 373).

24. Jetzt reißen wir seinen Kopf auf unser hochschnellendes Knie (*KIA!*) (Abb. 374),

25. setzen sofort das stoßende Bein ab, wenden dabei um 180 Grad mit *Shuto-Uke* (Abb. 375).

26. Anschließend gehen wir noch einmal mit *Shuto-Uke* rechts vor (Abb. 376), kurzes Verharren in dieser Stellung, dann vorderes Bein ruhig zurücknehmen zu *Hachiji-Dachi*. Blickrichtung bleibt gleich (Abb. 377).

Die *Heian-Kata* Nr. 4 enthält alle wichtigsten Angriffe-Stöße, Schläge und Fußtritte; außerdem die wichtigsten Abwehren, Wendungen, Gewichtsverlagerungen aus der Hüfte usw. Unter den fünf *Heian Kata* ist sie deshalb die universalste. Hier kommt auch zum erstenmal der Doppelstoß (*Renzuki*) vor (14. und 15. außerdem 18. und 19.). Sie wird bei *Karate-Kyu*-Prüfungen für den 3. *Kyu*-Grad (grüner Gürtel) verlangt.

Abb. 345

Abb. 346

Abb. 347

Abb. 348 · 349

Abb. 350

Abb. 351

Abb. 352

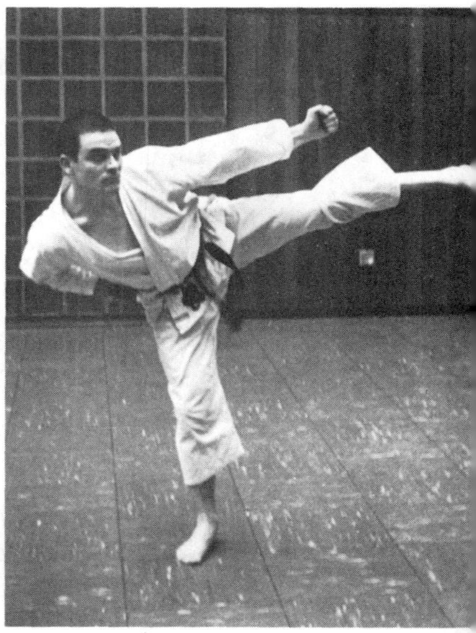

Abb. 353

Abb. 354

Abb. 355

Abb. 356

Abb. 357

Abb. 358

Abb. 359

Abb. 360

Abb. 361

Abb. 362

Abb. 363 · 364

Abb. 367

Abb. 366

Abb. 365

Abb. 369

Abb. 368

Abb. 371

Abb. 370

Abb. 373

Abb. 372

Abb. 374

Abb. 375

Abb. 376

Abb. 377

## Heian Godan (Nr. 5)

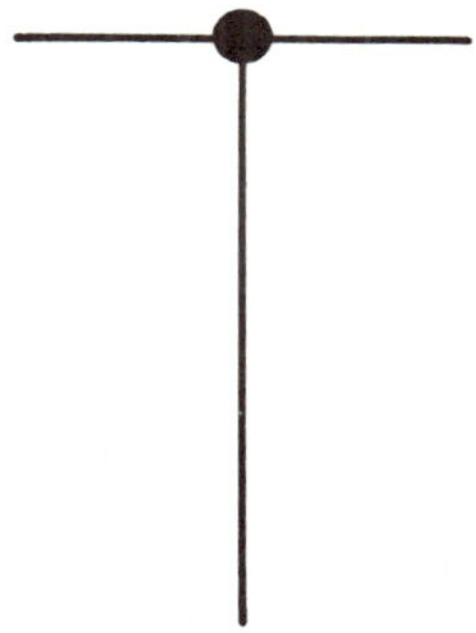

1. Linkes Bein seitwärts schieben zu *Kokutsu-Dachi* mit *Uchi-Ude-Uke* (die Faust holt hier über der Schulter aus) (Abb. 378—380).
2. Gegenangriff *Gyaku-zuki* aus *Kokutsu-Dachi* (Abb. 381).
3. Das hintere Bein wird herangezogen zu *Heisoku-Dachi*, gleichzeitig geht die rechte Faust zur Hüfte, die linke beschreibt (geöffnet) die Bewegung eines *Kagi-zuki* und schließt sich in der Endstellung zur Faust. Der Blick wird mit diesen Bewegungen, die entspannt ausgeführt werden, nach rechts genommen (Abb. 382).
4. bis 6. entspricht 1. bis 3., der Blick ist jetzt geradeaus gerichtet (Abb. 383—385).
7. Links vorgehen in *Kokutsu-Dachi* mit *Morote-Uke* (Abb. 386).
8. Rechts vorgehen in *Zenkutsu-Dachi* mit *Juji-Uke* (*Gedan*) (Abb. 387). Sofort anschließend
9. Hände geöffnet hochstoßen zu *Juji-Uke* (*Jodan*) (Abb. 388).
10. Jetzt werden die gekreuzten Hände an den Handgelenken umeinander gedreht (Abb. 389), darauf wird die rechte Hand zur rechten Hüfte zurückgezogen, wo sie sich zur festen Hand schließt. Die linke Hand wird geöffnet vorgehalten (Abb. 390).
11. Vorgehen mit *Oi-zuki* (Abb. 391).
12. Wendung auf dem linken Bein um 180 Grad mit *Mikatsuki-Geri-Uke* rechts (Abb. 392) (Faustangriff wird mit der Fußsohle zur Seite geschlagen). Gleichzeitig holt die rechte Faust zum *Gedan-Barai* aus mit dem mit dem Landen ein nachfolgender Fußangriff abgeblockt wird (Abb. 393).
13. Blickwendung und langsames Ausführen eines *Haishu-Uchi* (Schlag mit dem Handrücken als Abwehr eines Faustangriffes gedacht) (Abb. 394 und 395).
14. Jetzt Gegenangriff mit *Mikatsuki-Geri* (wir schlagen in der *Kata* dabei mit der Fußsohle gegen die Handfläche unserer ausgestreckten Hand (Abb. 396). Unmittelbar darauf Fuß absetzen zu *Kiba-Dachi* und nochmaliger Angriff mit

Ellbogenstoß rechts nach vorn (Unterarmrücken des stoßenden rechten Armes gegen die Unterarminnenseite und Handfläche des linken Armes (gleich wie bei *Heian Yodan* 6. und 8.) (Abb. 397).

15. Blickwendung nach rechts, Hinterkreuzen des linken Beines und *Morote-Uke* (Abb. 398) (meist als *Chudan-Morote-Uke* und nicht, wie auf diesem Bild, als *Jodan*-Abwehr).
16. Das linke Bein wird wieder nach links gestellt, dabei Blickwendung und energisches Hochstoßen der beiden Arme (Losreißen). Der linke Fuß soll dabei nach links zeigen und nur auf dem Fußballen aufgesetzt werden (Abb. 399).
17. Sprung in Blickrichtung (Abb. 400) Gegner schlägt mit langem Stock gegen unsere Beine). Bei der Landung mit hinterkreuzten Beinen wird ein nachfolgender Fußangriff mit *Juji-Uke* geblockt. Die Stellung braucht nicht so tief sein wie auf diesem Bild. Wichtig: Rücken gerade halten (Abb. 401).
18. Blickwendung nach rechts, vorgehen rechts in *Zenkutsu-Dachi* mit *Morote-Uke* (Abb. 402).
19. Wendung in *Zenkutsu-Dachi* um 180 Grad auf der Stelle (hinteres Bein wird um zwei Schulterbreiten nach rechts gesetzt, dann Körperdrehung und Gewichtsverlagerung auf den Fußballen. Eine mögliche Deutung: ein Gegner greift uns in Stellung 18 mit Fauststoß (*Oi-zuki* rechts) von hinten an. Durch die Wendung und die Abwehr mit der linken Handfläche (*Nagashi-Uke*) gehen wir in den Angriff hinein und greifen unsererseits seinen Unterleib rechts an mit *Nukite* (Fingerspitzen) oder *Shotei* (Handwurzelballen) (Abb. 403).
20. Jetzt wird das vordere Bein eine Schulterbreite zur Mitte gesetzt und das Körpergewicht zurückgenommen zu *Kokutsu-Dachi.* Gleichzeitig links *Gedan-Barai* (gegen einen Fußangriff) und rechts *Uchi-Ude-Uke* (*Jodan*) gegen einen Faustangriff von hinten. Andere Deutung: Bei 19. haben wir den Gegner rechts in den Unterleib gestoßen. Jetzt fassen wir mit dieser Hand zu, und durch das Ziehen, das Zurücknehmen unseres Körpergewichts und das Wegdrücken mit dem linken Arm kommt er zu Fall. Dazu kommt noch, daß sein vorderes Bein durch das Nach-innen-setzen unseres vorderen Beines weggefegt wird (Abb. 404).
21. Langsames Heranziehen des vorderen Beines zu *Heisoku-Dachi* (Abb. 405) und
22. rechten Schritt vor in *Zenkutsu* mit der gleichen Technik wie bei 19. (Abb. 406). Sofort vorderes Bein wieder zur Mitte setzen, Körpergewicht zurücknehmen zu *Kokutsu-Dachi* mit *Gedan-Barai* und *Uchi-Ude-Uke* (Abb. 407). Kurzes Verharren, dann wird das vordere Bein zurückgenommen zur Ausgangsstellung.

Abb. 378

Abb. 379

Abb. 380

Abb. 381

Abb. 382

Abb. 383

Abb. 384

Abb. 385

Abb. 386

Abb. 387

Abb. 388

Abb. 389

Abb. 390

Abb. 391

Abb. 392

Abb. 393

Abb. 394 · 395

Abb.
396 · 397

Abb.
398 · 399 · 400

Abb. 401

Abb. 402

Abb. 403

Abb. 404 · 405

Abb. 406 · 407

# Tekki 1 (Nai hanchi)

Bei den 3 *Tekki Katas* bewegt man sich nur auf einer Linie und zwar immer in *Kiba-Dachi*. Aus diesem Grund verzichte ich hier auf ein Diagramm. *Tekki* 1 wird bei der Prüfung zum ersten *Kyu*-Grad verlangt.
Ausgangsstellung: *Heisoku-Dachi*. Die linke Hand wird mit den Fingerspitzen über die rechte Hand gelegt, Daumen angewinkelt (Abb. 408).

1. Blickwendung nach rechts, gleichzeitig Übersetzschritt links (Abb. 409).
2. Das rechte Bein wird in hohem Kreisbogen hochgeführt (Abb. 410), gleichzeitig mit dem Absetzen Handrückenschlag (Abwehr) (Abb. 411), dann
3. *Empi-Uchi* links (wie bei *Heian* 4 und 5) — Gegenangriff (Abb. 412).
4. Blickwendung gleichzeitig linke Faust auf rechte Faust an der Hüfte (Abb. 413).
5. *Gedan-Barai* links (Abb. 414) gefolgt von
6. *Kagi-zuki* (Abb. 415).
7. Jetzt wieder Übersetzen (Abb. 416) mit Hochreißen des linken Beines. Dabei Blickwendung nach vorne, der rechte Arm holt über der linken Schulter aus zu
8. *Uchi-Ude-Uke* unmittelbar mit der Landung (Abb. 417).
9. Jetzt in einem Tempo: *Gedan-Barai* rechts, *Kake-Uke* links (Abb. 418), dann sofort Gegenangriff mit *Uraken-Uchi* (oder *Ura-zuki*) zum Kinn des Gegners. Dabei wird die rechte Faust mit dem Handrücken unter das Ellbogengelenk des angreifenden Armes gehalten (Abb. 419).
10. Blickwendung nach links vorn von wo ein Gegner mit einem Fußangriff angreift. Das angreifende Bein wird mit der Fußsohle nach innen weggeschlagen (*Nami-Ashi*) (Abb. 420) und der nachfolgende Faustangriff mit dem linken Unterarm abgewehrt (Abb. 421).
11. Jetzt dasselbe nach rechts (Abb. 422 und 423).
12. Blickwendung nach links, Fäuste an rechter Hüfte übereinander (Abb. 424) und
13. beide Fäuste werden nach links gestoßen (linke Faust wehrt ab und der Gegner läuft in den rechten *Kagi-zuki* hinein) (Abb. 425).
14. Langsamer Handrückenschlag wie bei *Heian* 5 13. (Abb. 426 und 427).
15. ff. (Abb. 428—438). Von hier aus verläuft *Tekki* 1 genau spiegelbildlich zum ersten Teil. Nach 21. (Abb. 434 und 435) fehlt 22.: Blick nach rechts, *Nami-Ashi* rechts und Unterarmabwehr nach rechts und 23.: Blick nach links, *Nami-Ashi* links und Unterarmabwehr nach links.

    Bei allen Übersetzschritten wird das Bein anschließend in weitem Kreisbogen hochgerissen und schwungvoll abgesetzt (eine schnelle Bewegung).

Nach 25. (Abb. 437) wird das rechte Bein langsam herangezogen zur Ausgangsstellung (Abb. 438).

Abb. 408

Abb. 409

Abb. 410

Abb. 411

Abb. 412

Abb. 413

Abb. 414

Abb. 415

Abb. 416

Abb. 417

Abb. 418

Abb. 419

Abb. 420

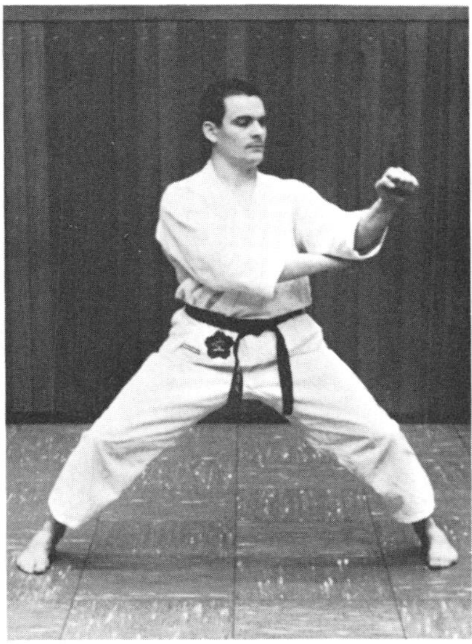
Abb. 421

Abb. 422

Abb. 423

Abb. 424

Abb. 425

Abb. 426

Abb. 427 · 428

Abb. 429 · 430

Abb. 431 · 432 · 433

Abb. 434

Abb. 435

Abb. 436

Abb. 437

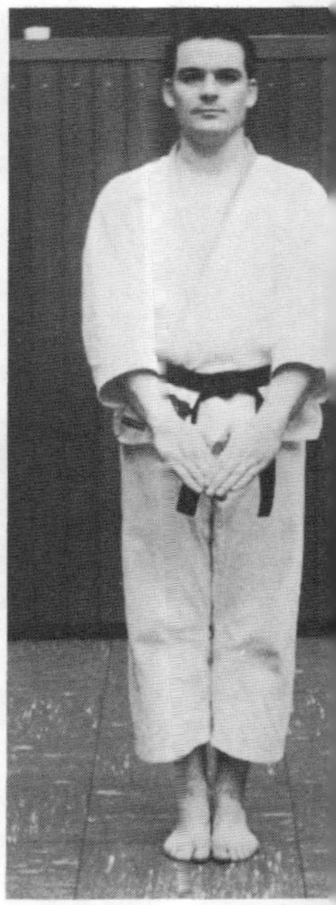

Abb. 438

Hinweis:

Der *KIAI* (Kampfschrei) und die anderen in den *Katas* vorkommenden Techniken: *Tate-Tsuki, Ura-Tsuki, Kagi-Tsuki, Uraken-Uchi, Shuto-Uchi, Shotei-Uchi, Morote-Uke, Nami-Ashi* usw. sind im Grundlehrbuch des Verfassers ausführlich dargestellt (Falken-Bücherei Bd. 227 »Karate – ein fernöstlicher Kampfsport«).

# Karate-Selbstverteidigung

*Karate* als Selbstverteidigung hat natürlich die älteste Geschichte. Ein großer Vorteil des sportlichen *Karate*, so wie es heute ausgeübt wird, ist, daß es selbst im harmlosen Wettkampf diesen ernsten Aspekt nicht verliert. Sportliches *Karate* kann im Ernstfall ohne weiteres zur wirksamen Selbstverteidigung eingesetzt werden (was z. B. für das sportliche *Judo* nur sehr bedingt zutrifft). Die gleichen Karatetechniken, die wir im sportlichen *Karate* lernen, können gegen unbewaffnete oder bewaffnete Gegner eingesetzt werden.

*Karate* ist im Ernstfall eine sehr harte und gefährliche Verteidigungsart. Nicht jeder Angriff rechtfertigt deshalb eine Abwehr mit Karateangriffstechniken. Meist wird es genügen, gegen einen Angreifer eine hart durchgeführte *Karate*-Abwehr (Block) durchzuführen. Durch den starken Schmerz, den der Angreifer dabei erfährt, wird er sich einen weiteren Angriff wohl überlegen. Man braucht (und darf) also bei harmloseren Angriffen (Fassen wollen usw.) keinen *Karate*-Gegenangriff führen. Anders ist es natürlich bei gefährlichen Angriffen (brutale Schläger, Angriffe mit Waffen), bei denen man unter Umständen der Gefahr schwerer Verletzungen ausgesetzt ist oder einem Angriff auf das Leben gegenübersteht.

Die rechtliche Seite der Selbstverteidigung sowie viele Beispiele für *Karate*-Selbstverteidigung werden in dem Buch desselben Verfassers »Sicher durch Selbstverteidigung«, Falken-Bücherei, Bd. 233 aufgezeigt.

In Ernstfallsituationen verfügen wir durch die Fußtechniken natürlich über eine gefährliche Waffe, deren Überraschungsmoment in der Anwendung sehr groß ist.

Gut geübte Karatetechniken, besonders wenn wir auch schon Erfahrung im sportlichen Wettkampf haben, bieten uns im Ernstfall eine gute Chance und ermöglichen es uns, mit Selbstvertrauen dem Angriff zu begegnen oder wegzulaufen. Sie machen uns aber nicht unüberwindlich!

Fühle Dich aus diesem Grund nicht zu sicher! Nimm immer an, Dein Gegner sei gefährlich!

In Abb. 439 zeigt Meister Toyama eine gleichzeitige Abwehr von zwei Angreifern. Der Fauststoß des rechten Angreifers wird links mit *Kake-Uke* abgewehrt, gleichzeitig Fauststoß zum Kinn und *Yoko-Geri-Ke Komi* zur Brust des anderen Gegners.

Abb. 439

## Empfindliche Körperstellen

Die Karatetechniken richten sich immer gegen empfindliche Körperstellen. Auch im sportlichen Karatewettkampf unterliegen nur solche Techniken der Bewertung, die im Ernstfall den Gegner sofort außer Gefecht setzen würden (der sogenannte chi mei). Als Zielpunkt sind im Wettkampf folgende Regionen bestimmt:

a) der Kopf (außer Augen)

b) der Hals (außer Kehlkopf)

c) der Rumpf von den Brustwarzen abwärts bis zu den Genitalien (vorne); die Wirbelsäule und die Lenden (hinten); die Sektionen in Lendenhöhe (seitlich).

Das ist in den sportlichen Regeln für Karate-Wettkämpfe festgelegt.

Wer sich für die einzelnen empfindlichen Punkte des Körpers interessiert, kann sich in dem Buch »Sicher durch Selbstverteidigung« (Falken-Bücherei, Bd. 233) genau orientieren, in dem eine ausführliche Tafel mit den wichtigsten Punkten abgebildet ist sowie den Techniken, die gegen die einzelnen Punkte am zweckmäßigsten angewandt werden.

Im Rahmen dieses Buches interessiert uns aber mehr die sportliche Seite. Nun kann es aber auch im sportlichen Wettkampf vorkommen, daß ein Karateka von einer unkontrollierten Technik getroffen wird. Aus diesem Grund ist es wichtig, daß jeder Übungsleiter darüber informiert ist, wie der nächste Arzt zu erreichen ist bzw. die Rufnummer des Unfalldienstes bereit hat. Gott sei Dank sind aber ernste Unfälle im Karate sehr selten. Im Anschluß möchte ich für die häufigsten Arten von Karateunfällen wirksame Maßnahmen beschreiben.

## KUATSU - die Kunst der Wiederbelebung

Diese Kunst ist schon mehrere Jahrhunderte alt und beruht auf Reizungen des Nervensystems durch Spezialmassage bestimmter Nervenzentren.

1. **Schlag oder Tritt gegen die Hoden** (Abb. 440)

Die beste Vorbeugung gegen diese Verletzungsart ist das Tragen eines Tiefschutzes. In harmloseren Fällen ist es gut, wenn der Verletzte die Mitte der Leistenbeuge (Oberschenkelansatz) mit den Fingerspitzen kräftig massiert. Sind die Schmerzen stärker, so schlägt man gegen die in Abb. 441 gezeigte Stelle (Kreuzbein) mit dem Handballen oder wenn der Verletzte sitzt, mit dem Fußballen.

Wurden durch den Schlag die Hoden in die Bauchhöhle gedrückt, so faßt man den Sitzenden zuerst unter den Achseln, hebt ihn kurz an und setzt ihn mehrere Male auf den Boden auf, bis die Hoden wieder in die natürliche Lage zurückgekehrt sind. Anschließend wie oben behandeln. Die Massage der Leistengegend kann auch ein zweiter durchführen (Abb. 442), der mit den Handkanten die Leistenbeuge massiert.

Abb. 440

Abb. 441

Abb. 442

**2. Stoß in den Magen, Leber, Solar-plexus oder Unterleib** (Abb. 443)

Kennzeichen der Verletzung: Schmerzen, Verkrampfung in größtmöglicher Beugestellung der Wirbelsäule (Abb. 444). Knie in Wirbelsäule stemmen, die Schultern fassen (Abb. 445) und die Wirbelsäule mit Kraft strecken (Abb. 446). Dadurch Lösen der Verkrampfung. Jetzt Massage mit den Handkanten (Abb. 447).

Abb. 443

Abb. 444

Abb. 445

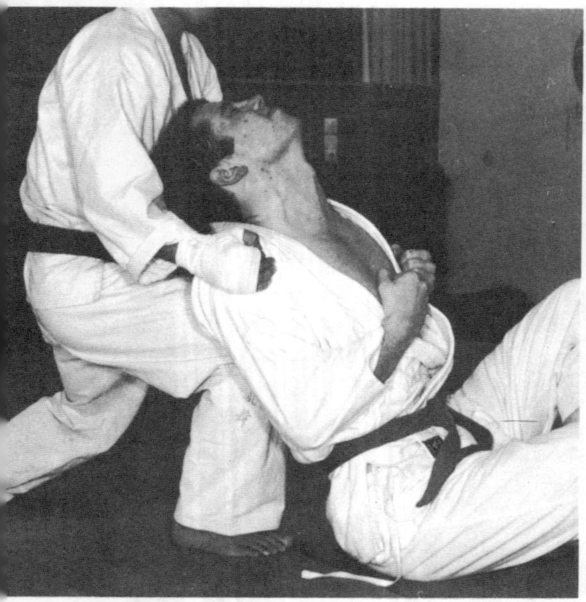
Abb. 446

Abb. 447

### 3. Bewußtlosigkeit

Bei beiden Verletzungsarten kann die Verletzung so stark sein, daß der Betroffene bewußtlos ist.

Behandlungsmöglichkeiten: Künstliche Beatmung (nach den verschiedenen Systemen). Zunge darf nicht in die Luftröhre zurückfallen bzw. muß von dort weggezogen werden.

Andere Möglichkeit (besonders bei Herzstillstand und Aussetzen der Atmung): Reizung des vegetativen Nervensystems – hier Solar-plexus – und dadurch Wiedererwecken der Herztätigkeit und Atmung.

Der Bewußtlose wird auf den Rücken gelegt, Brust und Bauch entblößen, Arme rechtwinklig ausbreiten (Handflächen nach oben). An seiner rechten Seite kniend legt man die rechte Handfläche auf sein Brustbein (Unterarm zeigt etwa 45 Grad schräg aufwärts). Nun läßt man die Hand nach unten gleiten bis die Handfläche in der Magengrube liegt und stößt nun den Handballen gegen seinen Körper in der Richtung des Unterarms. Stoße im Rhythmus des Herzschlages etwa 60mal in der Minute.

Weitere Möglichkeit:

Dem Bewußtlosen mit der geballten Faust kräftig gegen die Fußsohle in das Fußgewölbe des bloßen Fußes schlagen (Reizung des peripheren Nervensystems). Nach Rückkehr des Bewußtseins den Patienten aufrichten und mit seinen Armen große Kreise über der Brust beschreiben. Anschließend soll er aufstehen und herumgehen (ihn dabei stützen) – Normalisierung des Kreislaufs.

### 4. Nasenbluten

Durch einen Schlag gegen die Nase kann es zu Nasenbluten kommen. Hinsetzen lassen. Lege Deine linke Hand leicht auf seinen Kopf und schlage mit der rechten Handkante leicht gegen den Nacken knapp oberhalb des Haaransatzes (3–4mal). Anschließend legt er den Kopf leicht zurück, wir ergreifen dabei seinen Hals mit der rechten Hand dicht über den Schultern. Jetzt schlagen wir mit der linken flachen Hand einige Male leicht schräg auf seine Stirn. Dieser Schlag soll so ausgeführt werden, daß dabei die Hand leicht nach hinten abrutscht. 3–4mal schlagen, dann eine Minute sitzen lassen.

# Prüfungsordnung für Karate-Kyu-Grade

## Zielvorstellungen im Karate

Rein körperlich gesehen, ist Karate eine Kampfkunst, bei der man lernt, wirkungsvolle Schläge, Tritte und Stöße mit sämtlichen Gliedmaßen auszuteilen, gleichzeitig aber auch solche Angriffe abzuwehren.
Die originelle Idee, die dem Karate erst zum Durchbruch als Breitensport verhalf, war die, *im Wettkampf auf Trefferwirkung zu verzichten,* bei gleichwohl äußerst kraftvollen Schlägen, Stößen und Tritten.
Um den Gegner im Training, vor allem aber auch im freien Wettkampf, nicht zu verletzen, ist *eine Schulung auf äußerste Körperbeherrschung, Präzision und Exaktheit der Techniken zwingend.* Dieses Training auf vollendete Körperbeherrschung, Kraft und Präzision der Techniken ermöglicht es dem Karateka, in einem möglichen Ernstfall dann aber auch den Angreifer sicher und genau kraftvoll und abgezirkelt dort zu treffen, wo er will.
Mit dieser rein technischen Seite des Karate beschäftigt sich die Prüfnungsordnung.

### Die Kyu-Grade (farbige Gürtel)

Das unerreichbar scheinende *Fernziel* (die vollendete Körperbeherrschung des Schwarzgurts) wird in Stufen zerlegt, in erreichbare *Teilziele* (Kyu-Grade, farbige Gürtel), deren Erringung eine echte Leistung erfordert, Erfolgserlebnisse vermittelt und so den Schüler motiviert, mit Spaß und Freude Karate weiterzubetreiben. Diese Möglichkeiten haben Sportarten, die nur vom Wettkampf leben, nicht. Dieses Sich-Hinaufarbeiten von Stufe zu Stufe, diese farbigen Gürtel sind der pädagogische Knüller der Budosportarten! Jeder ist auch in seiner Leistungsstufe äußerlich erkennbar und muß sich deshalb dauernd bemühen, so gut zu sein, wie es seinem farbigen Gürtel entspricht. Wenn es einem gelungen ist, eine bestimmte Leistungsstufe zu erreichen, ist es ganz natürlich, zur nächsten Stufe vorwärtszuschauen. Manche lehnen diese farbigen Gürtel ab, weil sie argumentieren, diese »Gürteljägerei« ziele nur auf die eigene Selbstdarstellung, sei Angeberei. Sie vergessen dabei, daß bei einem anspruchsvollen Prüfungsprogramm und bei guten Prüfern der Prüfling tatsächlich eine echte Leistung vollbringen muß. Wenn er nun nach dem Motto »Jetzt bin ich der Größte« auf seinen Lorbeeren (dem erreichten Gürtelgrad) sitzen bleibt, wäre tatsächlich ein Stillstand da, und man beobachtet solche Fälle auch gelegentlich. Das »normale« aber ist, daß man nach dem Erreichen einer Stufe (wozu man seine ganze Energie aufbot) nun bei allem berechtigten Selbstvertrauen und gesteigertem Selbstwertgefühl weiter nach oben schaut zur nächsten Stufe. Dieses »von Stufe zu Stufe«, das sich in den farbigen Gürteln ausdrückt, ist auch beinahe ein Garant dafür, daß sich bei gut geführten Karateka kein Größenwahn und Angebertum breitmacht, sondern eher Bescheidenheit (man sieht ja beim Blick auf die nächsten Stufen, daß man noch viel zu lernen hat) und Ansporn zu weiterem, womöglich noch fleißigerem und ernsterem Training.

修行

*intensives, ernstes und hartes Üben*

Diese echte Leistungsmessung abseits vom Wettkampf vermittelt genau wie der Erfolg im Wettkampf ein gesundes Selbstwertgefühl. Wenn man aber im Wettkampf nur Erfolg haben kann *gegen* die anderen, auf Kosten der anderen (Konkurrenzdenken), so erbringt man die Leistung in einer Gürtelprüfung zwar auch im Streß, aber nur im Kampf gegen sich selbst.
Nur mit diesem Gürtelgradsystem, das abseits vom Wettkampfsport eine echte Leistungsmessung ermöglicht, ist auch ein echter Breitensport möglich. Zur Erringung der Gürtelgrade im Karate sind aus diesem Grunde auch keine Wettkampferfolge nötig, sondern »nur« technische körperliche Fertigkeiten, die von Stufe zu Stufe schwieriger werden (und auch dem, der hauptsächlich Wettkampf betreibt, die notwendigen technischen Voraussetzungen vermitteln).
Karate ist also ein Weg, seinen Körper zu meistern, vollendete Körperbeherrschung zu erreichen (nur das kann mit einer Prüfungsordnung erreicht werden). Daß Karate mehr sein kann (und soll) zeigt uns der Leitspruch eines bekannten japanischen Karate-Verbandes: »Oberstes Ziel in der Kunst des Karate ist weder Sieg noch Niederlage — der wahre Karatekämpfer erstrebt die Vervollkommnung seines Charakters.«
Karate wird also in erster Linie nicht als ein Mittel betrachtet, um aus Schlägereien oder Wettkämpfen siegreich hervorzugehen, sondern als Weg (japanisch Do) zur Meisterung des ganzen Ich (nicht nur körperlich). Es gibt in Japan verschiedene Wege, die alle das Ziel haben, das Ich zu meistern: Judo (der Weg des Nachgebens), Kendo (der Weg des Schwertes), Aikido (der Weg der Harmonie), Kyudo (der Weg des Bogens) usw.

Bei allen Künsten des Do wird weniger der sichtbare Erfolg, die meßbare Leistung im Wettkampf angestrebt als vielmehr der Sieg über sich selbst, die innere Übung und Ausbildung des Charakters. Schon das Meistern der rein technischen Seite des Karate erfordert ein hartes körperliches Training, das Ausdauer und Selbstüberwindung verlangt. Später im Kampf mit einem Gegner werden dann noch andere Qualitäten verlangt und im ernsthaften Training auch erreicht:
Selbstüberwindung, Ausdauer, gesundes, auf echter Leistung gründendes Selbstwertgefühl (dadurch Abbau von Komplexen), Sicherheit, Ruhe und Gelassenheit, Selbstdisziplin, Entschlußkraft, Mut, Fairneß, Rücksichtnahme, Hilfsbereitschaft, Bescheidenheit (»Wer wirklich – innerlich – stark ist, braucht nicht damit zu protzen, er kann auch gemachte Fehler zugeben, kann sich entschuldigen etc.«).
Wir können zusammenfassend so formulieren: *»Karate-Do ist ein Weg zur körperlichen und geistigen Meisterung des ICH«.*
Natürlich gibt es auch Wettkämpfe im Karate (wie auch in den anderen Künsten des Do). *Wenn wir das Do aber ernst nehmen, müssen wir deutlich erkennen, daß der sichtbare Erfolg im Wettkampf nicht das höchste Ziel ist.* – Diese Erkenntnis ist in Gefahr: Sehr viele sehen Karate heute nur noch als Sport wie jeden anderen, wo nur die meßbare, sichtbare Leistung zählt.

## Leichtkontakt-Karate mit Sicherheitsausrüstung

Das ist kein »neues« Karate. Wir müssen es eingebettet in das bisherige Verständnis des Karate-Do praktizieren. Es ist deshalb auch nicht erforderlich oder wünschenswert, für »dieses« Karate eine andere (oder gar keine) Prüfungsordnung einzuführen. Sollte es einmal so weit kommen, daß die Entwicklung doch getrennt verläuft, daß also ein Kontakt-Karate sich etabliert als reiner Wettkampfsport (ohne Grundschule, ohne Katas, ohne »geistigen Hintergrund« etc.), so müssen wir uns darüber im klaren sein, daß das kein Karate-Do mehr wäre, sondern ein zum reinen auf sichtbare Leistung begründeten Wettkampfsport abgemagertes Kick-Boxen, ohne die breiten Möglichkeiten des Karate-Do als Breitensport für alle Bevölkerungsschichten.
Von Karate kann man unserer Meinung nach nur dann sprechen, wenn auf Trefferwirkung also auf »Voll-Kontakt« verzichtet wird. Nur wenn die Absicht dahintersteckt, den Gegner nicht mit Wirkung zu treffen, ist vollendete körperliche und geistige Kontrolle nötig (Karate-Do).

# Anmerkungen zu den einzelnen Prüfungsgebieten

## Zum KIHON (Grundschule)

Hier werden exakte Karate-Grundstellungen verlangt (Zenkutsu-Dachi, Kokutsu-Dachi, Kiba-Dachi) außerdem werden die Armtechniken arretiert, d. h. »eingerastet«, die andere Faust muß an die Hüfte gezogen werden usw. Dem oft vorgebrachten Argument, daß das im Kampf ja niemand so mache (was richtig ist), muß mit sachlich begründeten Gegenargumenten geantwortet werden, sonst haben die recht, die sagen: »Wir brauchen keine Grundschule«.
Wir können auf die (richtig verstandenen und geübten) grundschulmäßigen Formen nicht verzichten, weil sie physikalisch gesehen und vom Einsatz der beteiligten Muskelgruppen her das Optimum, die Idealform darstellen. Auch den angewandten Formen im Freikampf liegen diese Idealformen zugrunde, obwohl wir hier Zugeständnisse und Abstriche machen müssen, z. B. wegen der Deckungsbereitschaft, der Beweglichkeit etc.
So verstanden verbessert das Erlernen von exakten Grundformen (Grundtechniken und Grundstellungen) aber auch die Anwendungsform. Also ein Miteinander von Grundtechnik und Anwendungsform, die so miteinander parallel besser werden. Grundtechniken (KIHON) nicht als Selbstzweck, sondern als Mittel zum Zweck.

**Kriterien bei der Beurteilung des KIHON:**

| | |
|---|---|
| Ablauf | (Gedächtnisleistung, Kondition, Einteilung) |
| Hara | (Haltung, Gleichgewicht, Stand) |
| Form | (Sauberkeit der Technik, Grobform – Feinform) |
| Geschwindigkeit | (Schnelligkeit, Explosivität) |
| Kime | (Kraft, Brennpunkt, Spannung, richtige Atmung) |

## Zum KUMITE (Partnerübungen, Kampfübungen)

Hier werden die Techniken in angewandter Form vorgeführt, Stellung also Freikampfstellung. Bei Handgriffen schnappt die Hand sofort wieder zur Deckung zurück. Die andere Hand bleibt in Deckungsbereitschaft am Kinn (wird also nicht zur Hüfte zurückgezogen!). Hier wird in erster Linie das *Distanz- und das Zeitgefühl* (richtige Reaktion im richtigen Moment) verlangt und geschult. Diese beiden Qualitäten sind im Hinblick auf eine wirksame Kampftechnik untrennbar!

Die Beschreibungen gelten, wenn nichts anderes dasteht, für Hidari-Kamae, müssen aber natürlich auch in Migi-Kamae gezeigt werden können. Der Angriff muß wie im Kampf kompromißlos und zwingend sein. Das bedeutet, daß der Schlußangriff jeder Kombination mit vollem KIME ausgeführt werden muß, dicht genug ans Ziel heran:

*Am Kopf* muß die Technik abgestoppt werden, bevor das tretende Bein bzw. der stoßende (schlagende) Arm ganz gestreckt ist, d. h. daß die Technik, wenn sie vollends ausgeführt würde, wirksam treffen würde (Reserve).

*Am Körper* muß auch mit vollem KIME (KIAI) und *kontrolliertem Kontakt* angegriffen werden. Das bedeutet vom Angreifer aus gesehen: Die Technik soll (mit Absicht) so hart treffen, daß der Gegner, wenn er nicht die Muskulatur stark anspannt, Wirkung zeigt. Vom Angegriffenen aus gesehen: Auch er muß bei einem guten Angriff seines Gegners das Gefühl haben, daß er hart, aber trotzdem kontrolliert getroffen wurde. Erst die spürbare, disziplinierte Beherrschung bei einem gleichwohl äußerst kraftvoll geführten Angriff führt auch beim Getroffenen zur Anerkennung seiner Niederlage. Auf diese Weise kommen wir zu einer Ernsthaftigkeit des Übens von Angriff und Konteraktion, die schon die innere Haltung im Hinblick auf Wettkampf (und Selbstverteidigung) schult.

Bis zum 3. Kyu kann der Partner selbst gewählt werden (vorführen mit dem Trainingspartner).

Bei den Prüfungen zum 2. und 1. Kyu wird der Partner vom Prüfer bestimmt. Die Angriffe und Konteraktionen müssen so gut laufen, daß man mit jedem Partner zurechtkommt.

Grundsätzlich gilt bei KUMITE, daß immer abwechselnd angegriffen wird, daß also die Rolle des Angreifers und des Verteidigers laufend wechselt. (So verhindern wir eine Stereotype in der Schnelligkeit und fördern das blitzschnelle Umschalten von der Rolle des Angreifers zu der des Verteidigers. Diese Art des Übens fordert mehr als das monoton-stereotype Üben – 10mal angreifen, dann 10mal kontern – das nur beim Einüben neuer Bewegungsabläufe zu empfehlen ist.)

## Beweglichkeit im Raum

Nach dem Gegenangriff wird *nicht wieder in die Ausgangspositionen* zurückgegangen, sondern sofort frei im Raum weiterbewegt. Das gilt auch schon für Prüflinge zum 5. Kyu, die nach der Konteraktion ein paar Schritte frei umeinander herumgehen sollen, dann erst greift der andere an.

Dieses freie Ausnützen des Raumes ist bei der Prüfung zum 2. und 1. Kyu zwingend: beide Partner bewegen sich zwischen den einzelnen Angriffen und Konteraktionen freikampfmäßig herum. Dazu kommt noch, daß die einzelnen Kontermöglichkeiten nicht der Reihe nach (so wie sie in der Prüfungsordnung aufgeführt werden) »vorgeführt« werden sollen, sondern der Verteidiger soll *frei* mit den angebotenen Kontermöglichkeiten arbeiten können. Dazu gehört natürlich fleißiges Üben der Angriffs- und Kontertechniken mit verschiedenen Partnern, bis diese Bewegungsabläufe sicher »einprogrammiert« sind.

**Kriterien bei der Beurteilung von KUMITE:**
Technik (Form, Geschwindigkeit, Kime, Ansatzlosigkeit, Treffgenauigkeit)
Richtige Zeitwahl (Timing, Reaktion)
Sichere Raktion
Beherrschen der Distanz in Angriff und Verteidigung. Beinarbeit, Sicherheit der Ausweich- und Meidbewegungen, das Hereinkommen in die wirksame Distanz beim eigenen Angriff.

## Zur KATA

Eine KATA ist die *stilisierte Form eines Kampfes* gegen mehrere imaginäre Gegner. Kata ist die Superschau des Karateka. Hier kann jeder zeigen, was er an Perfektion, Körperbeherrschung, Artistik, Überzeugungs- und Gestaltungskraft »auf dem Kasten« hat. Ein Karate, das die KATA ignoriert, ist immer in Gefahr, zum Kick-Boxen abzumagern.
Kata ist geeignet, sowohl die Beherrschung der Technik, als auch die innere Haltung zu schulen (Ruhe, Gelassenheit, Sicherheit, Kampfgeist).

**Kriterien zur Beurteilung von KATA:**

| | | | |
|---|---|---|---|
| Formaspekt | 1. Ablauf | = | Sichere Kenntnis der Kata, Schwierigkeitsgrad |
| | 2. Stil | = | Klarheit, Wiederholgenauigkeit, Geschmeidigkeit, stilistische Ausgefeiltheit, formale Gestaltung |
| dynamischer Aspekt | 3. Dynamik | = | Speed, Kime, Körpereinsatz, Atmung, Kraft, Wechsel von Spannung und Entspannung |
| | 4. Rhythmus | = | Tempowechsel, Timing, Pausen, zeitliche Gestaltung |
| Stimmungsaspekt | 5. Hara | = | Sicherheit, Gelöstheit, Ruhe, stabile Haltung, entspannte Konzentration im Zentrum (körperlich, seelisch) |
| | 6. Ki | = | Kampfgeist, Stimmung, Ausstrahlung, Darstellungskraft, innere Beteiligung |

Bewertet wird der Gesamteindruck!

# Beurteilung der Leistungen bei Prüfungen

Der Prüfling muß in jedem Fach (*KIHON, KUMITE* und *KATA*) ausreichende Leistungen erbringen. Eine gegenseitige Aufrechnung gibt es nicht! Ein Ausgleich ist nur innerhalb der einzelnen Gebiete möglich.
Begründung: Karate ist nicht nur Wettkampf, aber auch nicht nur Grundschule oder Kata, sondern alles zusammen!
Jemand, der schlechte Grundtechniken (und damit meist auch schlechte Kata) hat, aber gut kämpft, muß deshalb genau so durchfallen wie ein Prüfling, der ausgezeichnete Grundtechniken und hervorragend KATA zeigt, aber nur miserabel kämpft, denn Karate ist weder nur Kampf noch nur Technik, sondern alles zusammen.

Beim *KIHON* werden Arm- und Beintechniken getrennt bewertet.

Beim *KUMITE* wird getrennt bewertet:
a) die Fähigkeit im Angriff (A). Die Prüflinge führen zunächst die Angriffskombinationen vor, wobei der Partner nur zurückweicht, so daß der zweite Angriff dann »durchkommt«, d. h. dicht genug ans Ziel herangeführt werden muß (am Körper kontrollierter Kontakt),
b) die Fähigkeit mit den angebotenen Kontermöglichkeiten zurechtzukommen (K),
c) beim 2. u. 1. Kyu kommen dann noch die verschiedenen Freikampfformen dazu.

Bei der *KATA* wird der Gesamteindruck nach den unter 2 c) genannten Kriterien bewertet.

Für den Prüfer wird ein Punktesystem empfohlen: Mindestpunktzahl 0, Höchstpunktzahl 6. Der Prüfling muß mindestens 4 Punkte (ausreichende Leistung) erreichen.

Es ergeben sich dann folgende Beurteilungsschemata:

*5.–3. Kyu* 5 Bewertungsgrundlagen

| Name | Verein | alter Grad | KIHON | | KUMITE | | KATA | neuer Grad |
|---|---|---|---|---|---|---|---|---|
| | | | Arm | Bein | A | K | | |
| | | | | | | | | |

*2. Kyu* 7 Bewertungsgrundlagen

| Name | Verein | alter Grad | KIHON | | KUMITE | | | KATA | | neuer Grad |
|---|---|---|---|---|---|---|---|---|---|---|
| | | | Arm | Bein | A | K | Freikampf | Heian 3 | Heian 4 | |
| | | | | | | | | | | |

*1. Kyu* 11 Bewertungsgrundlagen

| Name | Verein | alter Grad | KIHON | | KUMITE | | | | | | | KATA | | neuer Grad |
|---|---|---|---|---|---|---|---|---|---|---|---|---|---|---|
| | | | Arm | Bein | A | K | nur mit den Armen | nur mit den Beinen | Freikampf (3 x) | | | Heian 5 | Tekki 1 | |
| | | | | | | | | | | | | | | |

5 x freier Kampf

Anforderungen bei den einzelnen Kyu-Graden (was muß der Prüfling jeweils bringen?):

*5. Kyu:* Reine Grobform der Technik, aufrechte Haltung, noch nicht volle Geschwindigkeit und Krafteinsatz.

*4. Kyu:* Grobform und deutliche Atmung, besserer Stand, Techniken etwas kraftvoller.

*3. Kyu:* Jetzt mit KIME, Spannung, Hüfteinsatz, KIAI in Grundschule und KATA bewußt machen.

*2. und 1. Kyu:* Sichere Ausführung der Technik, volle Schnelligkeit und Kraft (KIME), Hüfteinsatz und Atmung muß stimmen!

# Das Prüfungsprogramm

**Erläuterungen**

| | |
|---|---|
| V = vorwärts A | = Angriffskombination |
| R = rückwärts K | = Kontertechniken |
| Gedan-Kamae | = Ausgangsstellung im KIHON: Zenkutsu-Dachi mit Gedan-Barai |
| Gyaku-Mawashi-Geri | = Eine Art im Halbkreis nach außen getretener Mae-Geri (»verkehrter« Mawashi-Geri) |
| Gyaku-Hanmi | = Die Hüfte am hinteren Bein nach vorne gedreht (überdreht) |
| Hanmi | = Oberkörper in der Hüfte um 45° abgedreht (bei den Abwehren) |
| Hidari-Kamae | = Linksvorwärtsstellung |
| Kamaete | = Ausgangsstellung einnehmen! Im KIHON bei Armtechniken Gedan-Kamae, bei Freikampfübungen Freikampfstellung |
| Kime | = Brennpunkt geistiger und körperlicher Energie. Absicht (Kampfgeist) und körperliche Kraft treffen zusammen |
| Kizami-Tsuki | = Stoß ohne KIME zur Vorbereitung eines Angriffs mit vorgeschobener Schulter und weggedrehter Hüfte |
| Mae-Te-Tsuki | = Faustsstoß mit KIME an der Seite des vorderen Beines |
| Mae-Ashi-Geri | = Fußtritt mit dem vorderen Bein |
| Mawate | = Wenden! (Kommando) |
| Migi-Kamae | = Rechtsvorwärtsstellung |
| Naote | = Entspannte Grundstellung (Hachiji-Dachi) einnehmen! |
| Neko-Ashi-Dachi | = Verkürzte Rückwärtsstellung (»Katzenfußstellung«) |
| Ura-Mawashi-Geri | = Mawashi-Geri in Richtung des eigenen Rückens (ura), Fersenbeinschlag |
| Sokuto-Mawashi-Uchi | = Beinschlag mit senkrecht gestellter Fußaußenkante nach außen |
| Mikatsuki-Geri | = Beinschlag mit Fußsohle (Ferse) nach innen |
| ⇨ | = Bewegung, die im nächsten Moment stattfindet |
| ➡ | = Bewegung, die eben stattgefunden hat |

## 5. Kyu (gelber Gürtel) - Wartezeit 3 Monate

**KIHON:** Tsuki und Uke (bis einschließlich 3. Kyu jeweils 5 Schritte)

V: Zenkutsu-Dachi, Oi-Tsuki – wenden mit Gedan-Barai/Gyaku-Tsuki
V: Zenkutsu-Dachi, Gyaku-Tsuki – wenden mit Age-Uke
V: Zenkutsu-Dachi, Age-Uke – wenden mit Soto-Uke
V: Zenkutsu-Dachi, Soto-Uke – wenden mit Uchi-Uke
V: Zenkutsu-Dachi, Uchi-Uke – wenden mit Gedan-Barai
V: Zenkutsu-Dachi, Gedan-Barai – wenden mit Gedan-Barai

Keri

V: Zenkutsu-Dachi, Mae-Geri (Chudan)
R: Zenkutsu-Dachi, Mae-Geri (Jodan) jeweils mit dem vorderen Bein

**KUMITE:** Prinzip: Geradlinige Techniken, geradliniges Distanzieren (Gleitschritte vor- und rückwärts) im Angriff und im Ausweichen. Anwendungsformen von Mae-Geri und Gyaku-Tsuki:

1. A: Mae-Geri (Chudan) mit Absetzen des tretenden Beines nach vorne außen.
   K: Gleitschritt zurück und als Gegenangriff entweder
   a) Mae-Geri mit dem hinteren Bein oder
   b) Gleitschritt wieder hinein mit Gyaku-Tsuki rechts (chudan) Körperkontakt!

2. A: Gyaki-Tsuki (Jodan) aus dem Vorgleiten
   K: Wie bei 1 a) und b)
   c) Direkte Form: Fange den Angreifer im richtigen Moment (Reaktion) mit Mae-Geri ab (hinteres Bein). Bevor sein Gyaku-Tsuki also voll zur Wirkung kommt, mußt Du den Angreifer mit Mae-Geri getroffen haben (Kontakt!). Dabei links zur Sicherheit Block! Trete Mae-Geri schnappend, d. h. den tretenden Fuß nicht im Ziel stehen lassen, sondern zurückschnappen!

**KATA:** Taikyoku Shodan (Nr. 1).

# 5. KYU

Anmerkung: Zu 1 a), b) und 2 a), b): erster Angriff — der Partner bleibt stehen (Zielübung),
zweiter Angriff — der Partner gleitet nur zurück,
dritter Angriff — weggleiten und sofortiger Gegenangriff.

**1. A: Mae-Geri**

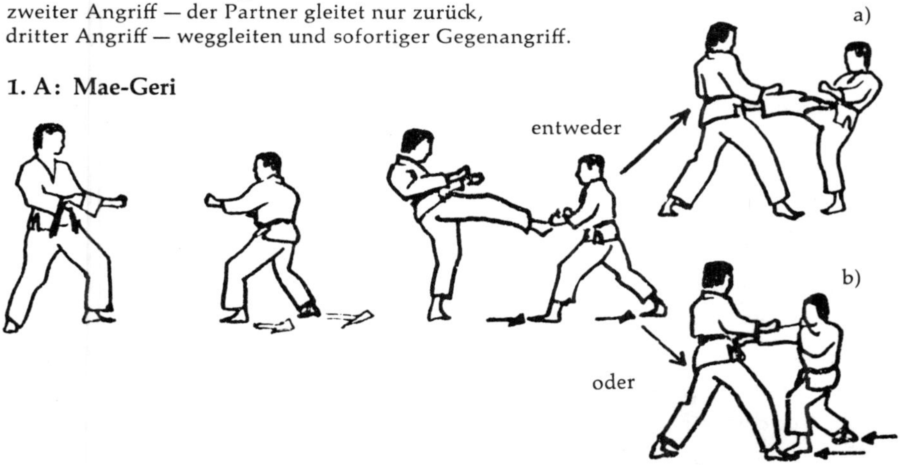


**2. A: Gleitschritt/Gyaku-Tsuki (Jodan)**

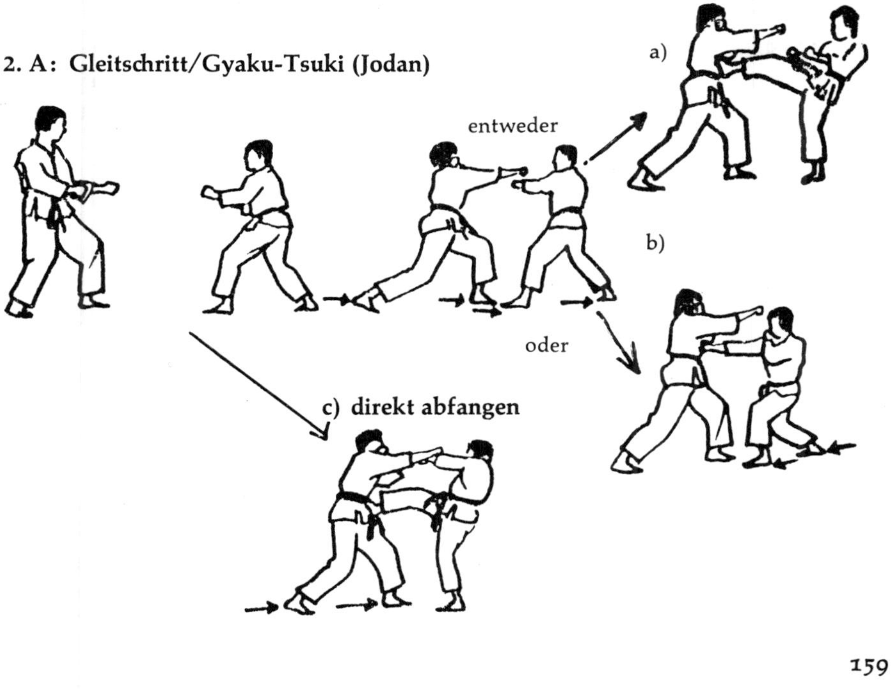

## 4. KYU (oranger Gürtel) - Wartezeit 3 Monate

**KIHON:**

V: Freie Stellung, Ausfallschritt zu Zenkutsu-Dachi mit Kizami-Tsuki, Vorwärtsschritt mit Oi-Tsuki. Dabei die Arme nach jedem Oi-Tsuki wieder zur Freikampfhaltung herunternehmen und hinteres Bein ranziehen zur Freikampfstellung.

R: Kokutsu-Dachi — Shuto-Uke

V: Kokutsu-Dachi — Uchi-Uke — wenden mit Gedan-Barai

V: Kokutsu-Dachi — Gedan-Barai — wenden mit Gedan-Barai

V: Zenkutsu-Dachi/Kizami-Tsuki, Mae-Geri (Chudan) mit starkem Hüftschub nach vorne

V: Zenkutsu-Dachi, Yoko-Geri-Ke-Komi (Chudan) zur Seite. Das Bein muß ruckartig aus der Hüfte durchgestreckt werden. Die Arme werden auch hier zum Ziel gehalten.

**KUMITE:**

1. A: Kizami-Tsuki/Oi-Tsuki

   K: Vor dem Kizami Tkuki wieder nur zurückgleiten, dann — wenn er mit Oi-Tsuki nachsetzt —

   a) nach rechts innen zu Neko-Ashi-Dachi mit Shuto-Uke weggleiten und sofort Mae-Ashi-Geri, Kizami-Tsaki, Guaku-Tsuki.

   b) Nach links außen mit Shuto-Uke in Neko-Ashi-Dachi weggleiten, dann mit dem vorderen Bein Yoko-Geri hinter seinen vorderen Deckungsarm, absetzen des tretenden Beines vor sein rechtes Bein, damit unsere Hüfte voll drehen kann zu dem anschließenden Gyaku-Tsuki.

   c) Direkt kontern mit Yoko-Geri (vorderes — 2 — oder hinteres — 1 — Bein).

2. A: Kizami-Tsuki/Mae-Geri.

   K: Wie bei 1 a), b), c) zur Sicherheit dabei bei a) und b) Gedan-Barai.

**KATA:**

Heian Shodan (Nr. 1) oder Pinan Nidan (Nr. 2).

# 4. KYU

## 1. A: Kizami-Tsuki/Oi-Tsuki

a)

b)

c) direkte Form: Kontern mit Yoko-Geri
(hinteres oder vorderes Bein)

## 2. A: Kizami-Tsuki/Mae-Geri

a)

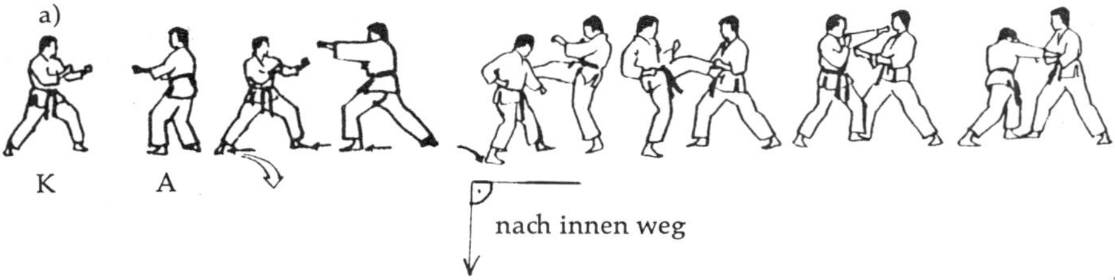


b)

c) direkte Form (wie bei 1.)

Gemeinsames Prinzip:
Vor dem ersten Angriff nur zurückgleiten, dann rechtwinklig (nach innen oder außen) zur Seite und anschließend den Gegenangriff

## 3. KYU (grüner Gürtel) - Wartezeit 3 Monate

**KIHON:**

Wichtigstes Prinzip beim Grüngurt (muß deutlich sichtbar sein!): Kraftvolle Hüftdrehung in Verbindung mit Gewichtsverlagerung (dynamische Technik) bei Abwehr und Gegenangriff. Überdrehen der Hüfte bei Gyaku-Hanmi. Anwendung dieses Prinzips dann bei den Partnerübungen und in der KATA.

1. V: Zenkutsu-Dachi, im Stand Gedan-Barai/Gyaku-Tsuki dann vorgehen mit Gyaku-Tsuki/Age-Uke/Gyaku-Tsuki ...
2. R: Zenkutsu-Dachi, Gyaku-Tsuki/Gedan-Barai/Gyaku-Tsuki ...
3. V: Schritt vor zu Zenkutsu-Dachi (rechts) mit Gyaku-Tsuki (links), dann ohne Schritt nur Gewichtsverlagerung zu Zenkutsu-Dachi nach links mit starker Hüftdrehung und Gyaku-Tsuki (rechts), weiter noch ohne Schritt, wieder nur Gewichtsverlagerung, wieder auf das rechte Bein (zu Zenkutsu-Dachi rechts in Ausgangsrichtung), verbunden mit starker Hüftdrehung und Gyaku-Tsuki (links). Jetzt erst kommt der nächste Schritt wieder mit Gyaku-Tsuki und dann den zwei Gyaku-Tsukis mit Gewichtsverlagerung auf der Stelle. Also ein Gyaku-Tsuki aus dem Schritt vorwärts, zwei auf der Stelle.
4. R: Zenkutsu-Dachi, Uchi-Uke in Gyaku-Hanmi (Zenkutsu-Dachi kann etwas breiter und kürzer sein, damit man das Überdrehen der Hüfte ausführen kann) ... vorderes Bein umsetzen zu Kiba-Dachi.
5. V: In Kiba-Dachi mit Uraken / vorderen Fuß umsetzen zu Zenkutsu-Dachi mit Gyaku-Tsuki, wenden zu
6. V: Zenkutsu-Dachi/Mae-Geri-Rengeri (gleiches Bein Jodan/Chudan), Chudan mit deutlichem Hüftschub ... wenden zu Zenkutsu-Dachi.
7. V: Zenkutsu-Dachi, Mawashi-Geri (Arme dabei in Deckungsbereitschaft).

# 3. KYU (KIHON)

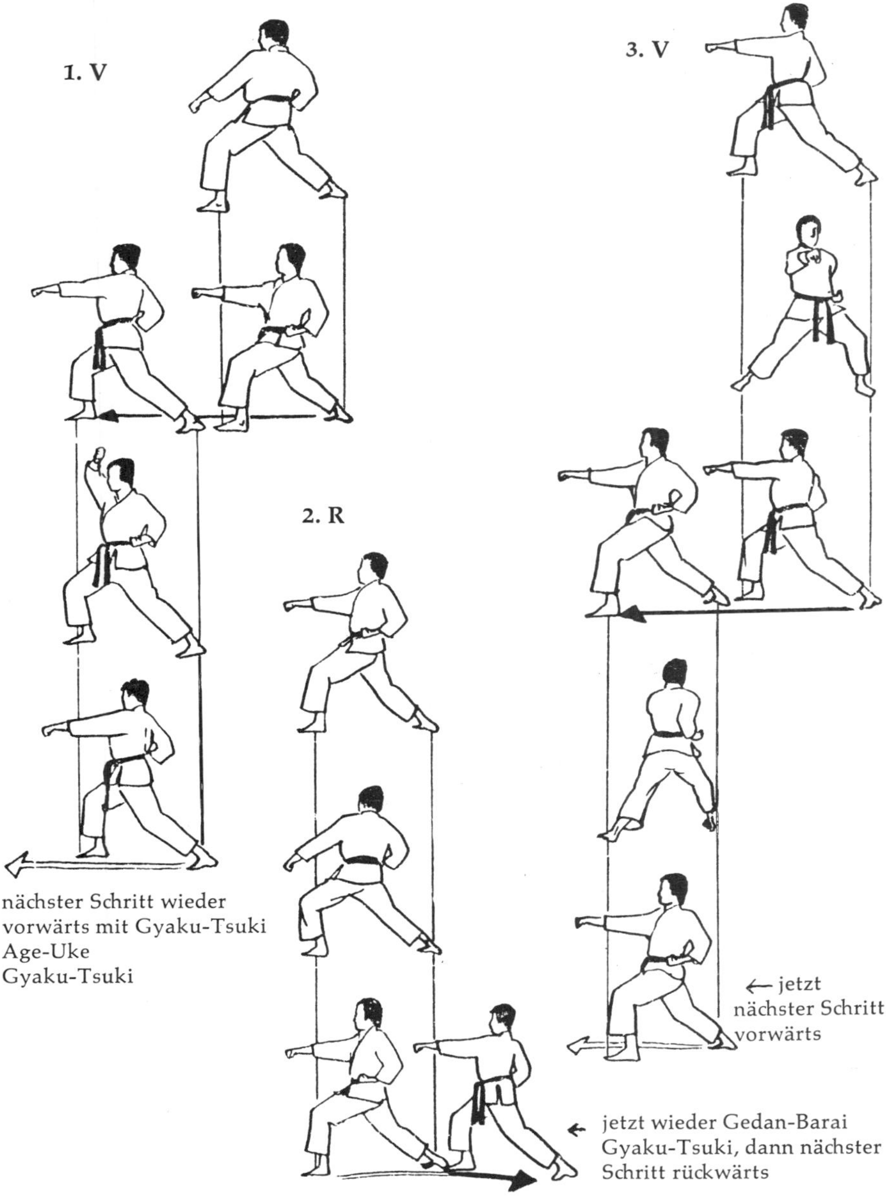
1. V
2. R
3. V
nächster Schritt wieder
vorwärts mit Gyaku-Tsuki
Age-Uke
Gyaku-Tsuki
← jetzt
nächster Schritt
vorwärts
← jetzt wieder Gedan-Barai
Gyaku-Tsuki, dann nächster
Schritt rückwärts

## KUMITE

1. A: Mae-Geri/Oi-Tsuki bzw. Mae-Geri/Uraken
   K: a) Zurückgleiten vor dem Mae-Geri, dann Schritt nach links raus, dabei zur Sicherheit rechts Handkantenblock und gleichzeitig Mawashi-Geri. (Also nicht erst blockieren und dann treten, sondern der Mawashi-Geri muß ihn treffen, während er Oi-Tsuki ausführen will.
   b) Bei kleinerem Abstand: Gewichtsverlagerung nach links mit Handkantenblock, dann sofort das Gewicht wieder aufs rechte Bein werfen und Gyaku-Tsuki links.
   c) Hineingehen mit Gedan-Barai/Gyaku-Tsuki (gleichzeitig!)
   Bei a) und b) kann man mit dem zweiten Schritt auch nach innen ausweichen.
2. A: Mae-Geri (rechts), Mawashi-Geri (links)
   K: Vor dem Mae-Geri wieder nur zurückgleiten, dann
   a) nach innen (rechtwinklig) weggleiten zu Neko-Ashi-Dachi (beachte rechte Deckungshand), dann Mae-Ashi-Geri/Kizami-Tsuki/Gyaku-Tsuki. Bei kurzem Abstand den Mae-Ashi-Geri weglassen!
   b) das rechte (hintere) Bein wegstellen, so daß der Körper vor dem Mawashi-Geri wegschwingt. Dabei links Uraken.

## KATA

Heian Nidan (Nr. 2) oder Pinan Shodan (Nr. 1)

# 3. KYU

## 1. A: Mae-Geri/Oi-Tsuki bzw. Mae-Geri/Uraken

a)

beim Oi-Tsuki nach links raustauchen und dabei Mawashi-Geri (während sich sein Stoßarm streckt!)

b)

Gewichtsverlagerung nach links

dann

Gewicht wieder nach rechts werfen aus dem Durchstrecken des linken Beines mit Gyaku-Tsuki

c)

direkte Form

Hineingehen mit gleichzeitigem Gedan-Barai und Gyaku-Tsuki

## 2. A: Mae-Geri/Mawashi-Geri

a)

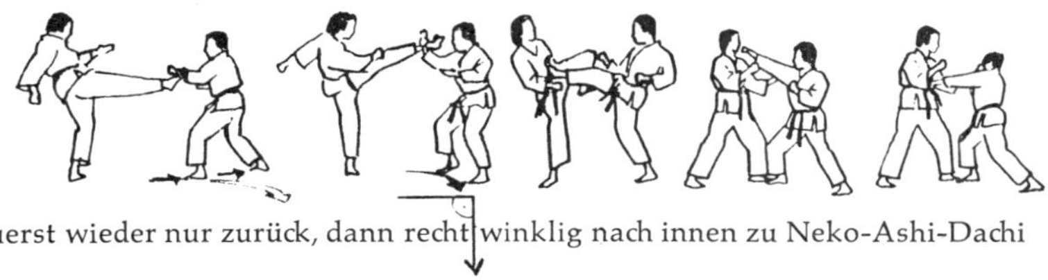

Zuerst wieder nur zurück, dann rechtwinklig nach innen zu Neko-Ashi-Dachi

b)

die Stellung kann Kiba-Dachi sein, aber auch mehr Zenkutsu-Dachi. Wichtig ist, daß die rechte Hüfte vor dem Mawashi-Geri zurückschwingt.

Uraken

Gemeinsames Prinzip:
Vor dem ersten Angriff wieder nur schnell zurückgleiten, dann ausweichen und dabei den Gegenangriff machen

## 2. KYU (blauer Gürtel) - Wartezeit 6 Monate

**KIHON**

1. Zenkutsu-Dachi, Mae-Geri, Kizami-Tsuki/Gyaku-Tsuki.
R: Gedan-Barai/Gyaku-Tsuki (KIAI).
V: Mawashi-Geri.

2. V: Zenkutsu-Dachi, Übersetzschritt mit Kizami-Tsuki 1, weitergehen mit Gyaku-Tsuki (rechts) 2. Anschließend das rechte, hintere Bein rechts wegsetzen zu Kokutsu-Dachi mit Gedan-Barai (links) 3, Yoko-Geri-Ke-Komi (vorderes Bein) in Blickrichtung 4, absetzen Kiba-Dachi mit Uraken (Jodan) 5, nachgleiten mit Tettsu (Chudan) 6, umsetzen zu Zenkutsu-Dachi links mit Gyaku-Tsuki (Jodan) 7, jetzt rechts einen Schritt vorwärts wieder in Ausgangsrichtung zu Migi-Kamae.

3. V: Zenkutsu-Dachi. Mawashi-Geri (vorderes Bein) 1 dann Mae-Geri 2, rechten Fuß absetzen und den linken Fuß hinterkreuzen, anschließend Ura-Mawashi-Geri oder Beinschlag nach außen mit senkrecht gehaltenem Fuß (Sokuto-Mawashi-Uchi) 3, Gyaku-Tsuki 4 KIAI.

4. Zenkutsu-Dachi, Mawashi-Geri 1, Gyaku-Tsuki 2, dann mit dem vorderen Bein genau nach hinten Ushiro-Geri 3, mit dem Absetzen des Beines nach hinten Uchi-Uke (Jodan) 4, Gyaku-Tsuki (Chudan) 5 KIAI und anschließend noch ein Yoko-Geri rechts 6.

# 2. KYU (KIHON)

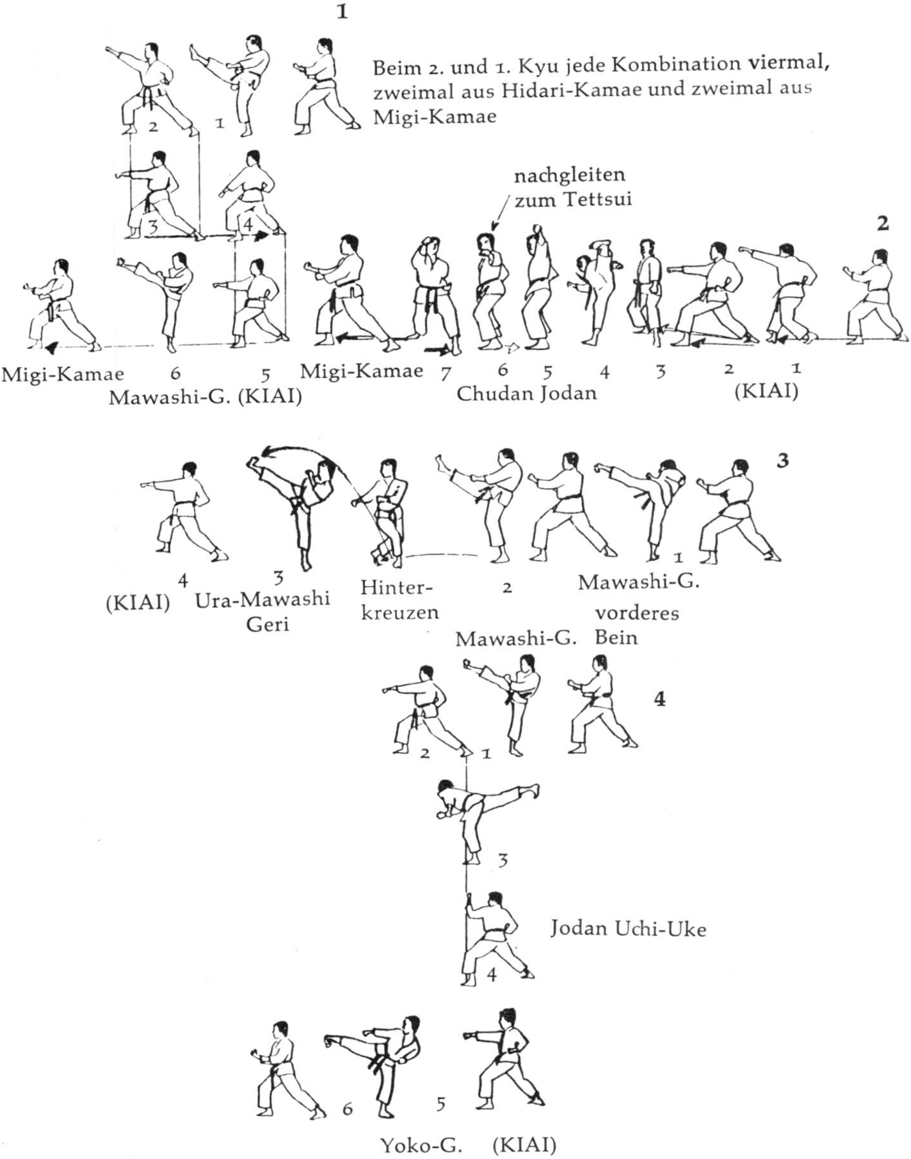
1
Beim 2. und 1. Kyu jede Kombination viermal, zweimal aus Hidari-Kamae und zweimal aus Migi-Kamae
2
1
3
4
nachgleiten zum Tettsui
2
Migi-Kamae
6
5
Mawashi-G. (KIAI)
Migi-Kamae
7
6
5
4
3
2
1
Chudan Jodan
(KIAI)
3
(KIAI)
4
3
Ura-Mawashi Geri
Hinter-kreuzen
2
Mawashi-G.
1
Mawashi-G. vorderes Bein
4
2
1
3
Jodan Uchi-Uke
4
6
5
Yoko-G.
(KIAI)

**KUMITE** (2. Kyu)

1. A: Gleitschritt Kizami-Tsuki/Gleitschritt Gyaku-Tsuki bzw. Übersetzschritt Kizami-Tsuki/weitergehen mit Gyaku-Tsuki (KIHON 2).

   K: Gleitschritt rückwärts mit Shotei-Uke (bzw. Nagashi-Uke) gegen Kizami-Tsuki dann

   a) Uraken/Gyaku-Tsuki
   b) Mae-Ashi-Geri, Mae-Te-Tsuki, Gyaku-Tsuki
   c) Gyaku-Tsuki, Mawashi-Geri (wenn der Angreifer zurückweicht vor dem Gyaku-Tsuki).

**Direkte Formen:**

d) In den Kizami-Tsuki hineingehen mit Nagashi (Shotei)-Uke links und Gyaku-Tsuki rechts (Kopf gut »verstecken« dabei, Kinn anziehen!). Oder mit linkem Handrücken von außen mit dem Kizami-Tsuki mitgehen und dabei die rechte Hüfte hineinwerfen zu Gyaku-Tsuki bzw. Ura-Tsuki.

e) Direktes Kontern des Kizami-Tsuki mit Mae-Geri (vorderes oder hinteres Bein je nach Distanz), dabei zum Schutz linke Hand bereithalten.

f) In den Angriff hineindrehen mit Ushiro-Geri (rechts). Hier sind verschiedene Ausführungen möglich (es muß nur eine gezeigt werden):

   1. Den linken Fuß erst ganz an den rechten ranziehen (dabei dem Angreifer den Rücken zudrehen), jetzt Blickwendung über rechte Schulter und Ushiro-Geri rechts. Hier trifft man den Angreifer evtl. erst, wenn er Gyaku-Tsuki macht, was noch härter ist, weil er ja dann seine rechte Körperseite (Leber) nach vorne dreht.
   2. Den linken Fuß nach rechts setzen und dann drehen (das ist geeignet, wenn er mit Kizami-Tsuki nicht so weit vorschießt).
   3. Verkürzte Form des Ushiro-Geri, wobei der Kopf nicht gedreht wird. Geeignet, wenn wir selbst stark seitlich zum Angreifer stehen.

## 2. KYU

### 1. A: Gleitschritt Kizami-Tsuki, Gleitschritt Gyaku-Tsuki*

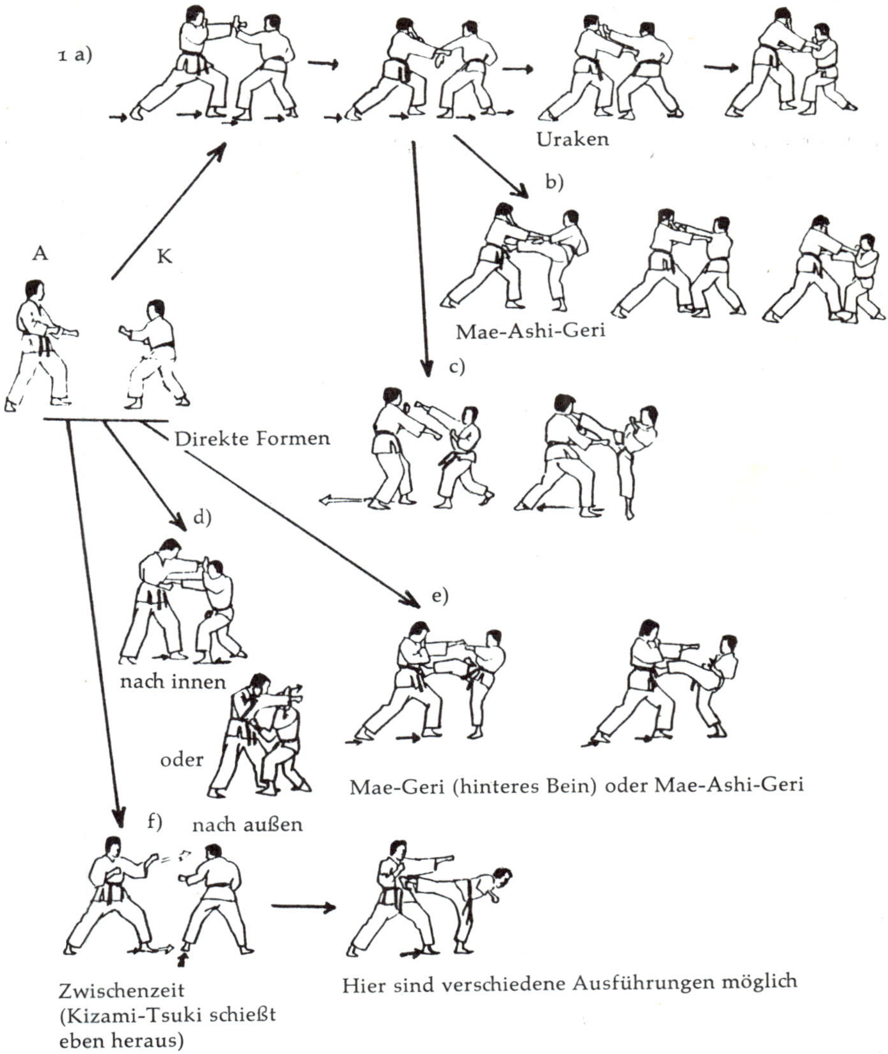


* Vom Angreifer kann auch verlangt werden anzugreifen, mit Übersetzschritt Kizami-Tsuki/Weitergehen mit Gyaku-Tsuki (siehe KIHON Nr. 2). Auch in dieser Form üben!

**KUMITE**

2. A: Mawashi-Geri/Uskiro-Geri (bzw. Ura-Mawashi-Geri).
   K: Vor Mawashi-Geri zurückgleiten (zur Sicherheit Block links) und den folgenden Ushiro-Geri annehmen:
   a) Schritt rechts zur Seite zu Zenkutsu-Dachi rechts mit Gedan-Barai links (in Gyaku-Hanmi), anschließend Gewichtsverlagerung und Hüftdrehung wieder zurück zu Zenkutsu-Dachi links mit Tettsui-Uchi rechts auf Hinterkopf, Wirbelsäule oder Nieren (federnd schlagen).
   b) Schritt rechts vorwärts zu Zenkutsu-Dachi, dabei gleichzeitig Gedan-Barai links und Tettsui-Uchi rechts auf Wirbelsäule, Genick, Hinterkopf wie oben. Unterschied zu a): Man geht beim Blockieren schon mit dem Gegenangriff in den Ushiro-Geri hinein. Die Hüfte wird nach dem Nagashi-Prinzip (Prinzip der »sich öffnenden Türe«) weggedreht, d. h. der Angriff fegt durch die Hüftdrehung, verbunden mit dem Block, am Ziel vorbei (nagashi = fegen).
   c) Mawashi-Geri kontern wie beim 3. Kyu 2 a).
   d) Mawashi-Geri direkt annehmen mit Vorwerfen des Körpergewichts (unterlaufen) Handkantenblock bzw. Unterarmblock links überm Knie und gleichzeitigem Gyaku-Tsuki rechts.

3. *JIYU-Kumite*

**KATA:** Heian Sandan (Nr. 3) und Heian Yondan (Nr. 4) bzw. Pinan.

2. **A: Mawashi-Geri/Ushiro-Geri**

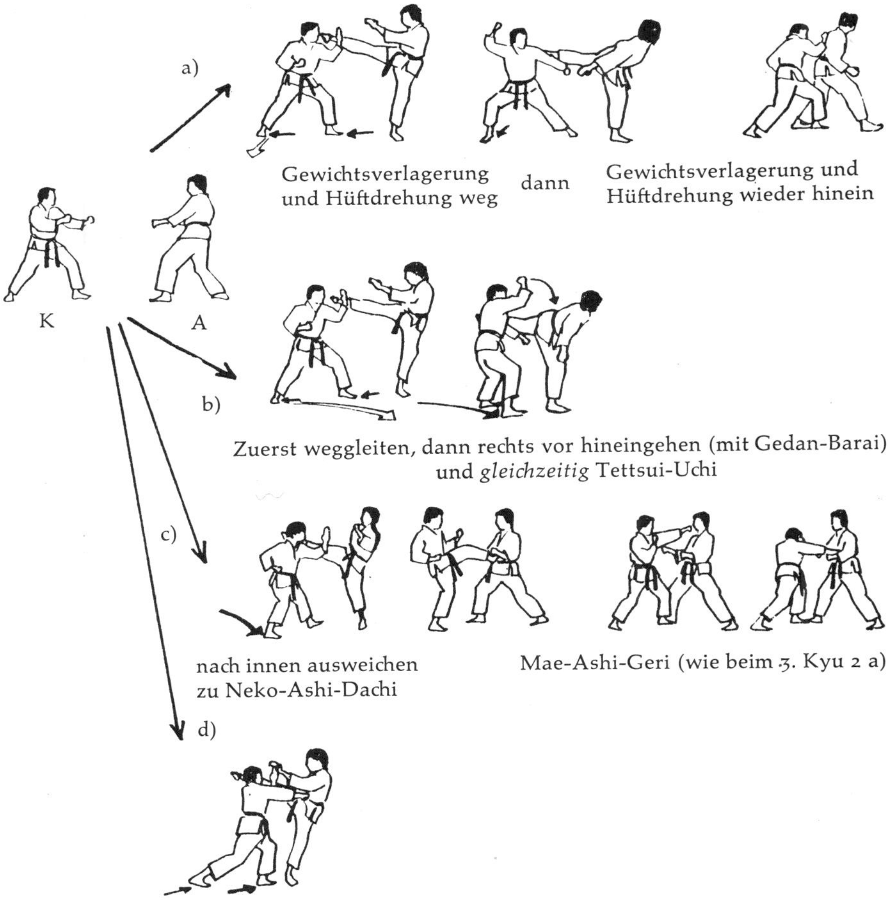


Körper *direkt* vorwerfen (den Mawashi-Geri unterlaufen)
mit Unterarm bzw. Handkantenblock links und gleichzeitigem
Gyaku-Tsuki

# 1. KYU (brauner Gürtel) Wartezeit 6 Monate

**KIHON**

1. V: Zenkutsu Dachi (links), Mae-Ashi-Geri, 1 absetzen nach links in Kiba-Dachi 2, Yoko-Geri nach rechts (Blickwendung vorher) 3, absetzen in Kiba-Dachi 4, Mawashi-Geri links aus der Drehung um 180° 5, absetzen zu Kiba-Dachi, Blick nach hinten 6 und Ushiro-Geri rechts genau nach hinten 7 KIAI, absetzen zu Zenkutsu-Dachi rechts in Ausgangsrichtung.

2. Freikampfstellung links vorwärts. Fußaußenkantenschlag mit dem vorderen Bein nach außen 1, dann Fußsohlenschlag mit dem gestreckten Bein rechts nach innen 2, absetzen, dabei dem Gegener den Rücken zudrehen und aus der Drehung Fersenbeinschlag (Ura-Mawashi-Geri) oder Schlag mit dem senkrecht gestellten Fuß 3 (wie bei 1), den schlagenden Fuß nach hinten absetzen. Jetzt andere Seite.

3. Kokutsu-Dachi links. Linkes Bein 90° seitlich zurücksetzen zu Kokutsu-Dachi rechts mit Shuto-Uke rechts, umsetzen zu Zenkutsu-Dachi rechts mit Mae-Empi links, hinteres Bein nach links setzen zu Kiba-Dachi mit Yoko-Empi, nachgleiten mit Uraken, umsetzen in die gleiche Richtung zu Zenkutsu-Dachi mit Shuto-Uchi rechts von außen nach innen (KIAI) dann Shuto-Uchi links von innen nach außen 6, anschließend Mae-Geri rechts, absetzen nach vorn zu Migi-Kamae.

4. V: Freikampfstellung, Ausfallschritt Kizami-Tsuki, nachsetzen mit Sanbon-Rentsuki Oi-Tsuki (Jodan), dann auf der Stelle Gyaku-Tsuki (Chudan), Mae-Te-Tsuki (Chudan). Jetzt Stoßarm zurücknehmen und hinteres Bein nachziehen zu Freikampfstellung . . . dann nächster Schritt.

# 1. KYU (KIHON)

1

**2 Beinschlagtechniken**

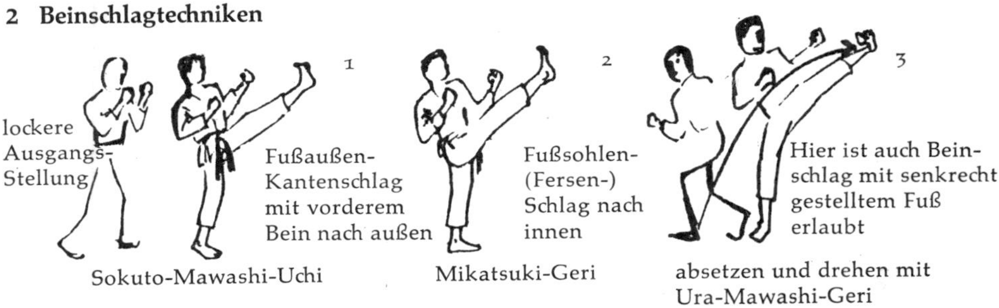


3

4

## KUMITE

1. A: Ashi-Barai/Oi Tsuki bzw. Ashi-Barai/Mamashi-Geri.
Der Angreifer muß bei Ashi-Barai-Oi-Tsuki darauf achten, daß beim Fegen die vordere Hand des Angegriffenen blockiert wird. Sonst kann dieser sofort mit Kizami-Tsuki bzw. Mae-Te-Tsuki kontern. Dieses Festlegen geschieht dadurch, daß man mit der linken Handkante den Unterarm des Angegriffenen nach innen, unten oder zur Seit drückt bzw. schlägt. Nur so ist auch der Weg frei für den nachfolgenden Oi-Tsuki zum Kopf. — Bei Ashi-Barai/Mawashi-Geri braucht man das Außergefechtsetzen des vorderen Armes nicht, da man hier ja weiter weg ist und mit stärkerem Hüfteinsatz fegt. Ashi-Barai bogenförmig in Richtung der Zehen des zu fegenden Fußes.

K: a) Stark stehen und direkt kontern mit Kizami-Tsuki/Gyaku-Tsuki.
b) Das gefegte Bein mit Nami-Ashi über das Angriffsbein heben (ohne den Schwerpunkt zurückzunehmen) und beim Nachvornfallen des Körpers starken Gyaku-Tsuki aus dem Streckimpuls des hinteren Beines und der dadurch verursachten Hüftdrehung.
c) Schwerpunkt zurücknehmen, das gefegte Bein stark hochziehen und damit Yoko-Geri-Ke-komi.
d) Schwerpunkt zurücknehmen, Nami-Ashi und mit demselben Bein Gyaku-Mawashi-Geri.
e) Wenn wir weniger stark stehen: Das gefegte Bein in Fegerichtung wegschlagen lassen und auf diesem Bein blitzschnell weiterdrehen mit Ushiro-Geri. Mit dem Oberkörper abtauchen dabei, daß er uns mit dem nachfolgenden Oi-Tsuki nicht trifft.

*Anmerkung:*
Bei b) — d) die linke Hand immer zur Abwehr des gegnerischen Angriffs bereithalten (siehe Zeichnungen!).

## A: Ashi-Barai/Oi-Tsuki bzw. Ashi-Barai/Mawashi-Geri

vordere Hand des Angegriffenen unter Kontrolle bringen!

stark aus der Hüfte fegen!

a)

Kizami-Tsuki Gyaku-Tsuki

b)

Hüfte nach vorne drehen aus dem Durchstrecken des Beines

Nami-Ashi und dabei Gyaku-Tsuki

c)

Schwerpunkt etwas zurücknehmen und Yoko-Geri

d)

Gyaku-Mawashi-Geri (nach links außen gedrehter Mae-Geri)

e)

Wenn es dem Angreifer gelingt, unser Bein wegzufegen: auf diesem Bein weiterdrehen mit Ushiro-Geri

2. A: Mit Partner demonstrieren:

2 Angriffskombinationen freier Wahl, die aus mindestens drei Einzeltechniken bestehen, von denen eine Ura-Mawashi-Geri sein muß.

K: a) Zwei verschiedene Konteraktionen mit Ura-Mawashi-Geri gegen Oi-Tsuki

b) zwei verschiedene Konteraktionen mit Ura-Mawashi-Geri gegen Mae-Geri

Bei diesen Angriffen greift der Partner grundschulmäßig an.

*Jiyu-Kumite*

Prüflinge kämpfen

a) nur mit den Armen

b) nur mit den Beinen

c) hintereinander gegen drei Blaugurte (3 mal normaler Freikampf).

**KATA**

Heian Godan (Nr. 5) bzw. Pinan Godan und Tekki Shodan (Nr. 1) bzw. Naihanchi.